新东方日语教研组 编著

日语完全教程

单词手册

第五册

北京大学出版社
PEKING UNIVERSITY PRESS

图书在版编目(CIP)数据

日语完全教程.单词手册.第五册/日语完全教程编写委员会编著.—北京：北京大学出版社，2014.1
ISBN 978-7-301-23628-4
Ⅰ.①日… Ⅱ.①日… Ⅲ.①日语—词汇—水平考试—教材 Ⅳ.①H360.42
中国版本图书馆CIP数据核字(2013)第308775号

书　　名：日语完全教程　单词手册　第五册
著作责任者：日语完全教程编写委员会　编著
责 任 编 辑：兰　婷
标 准 书 号：ISBN 978-7-301-23628-4
出 版 发 行：北京大学出版社　　地　址：北京市海淀区成府路205号　100871
网　　址：http://www.pup.cn　新浪官方微博：@北京大学出版社
电 子 邮 箱：编辑部 pupwaiwen@pup.cn　总编室 zpup@pup.cn
电　　话：邮购部62752015　发行部62750672　编辑部62759634　出版部62754962
印　刷　者：河北博文科技印务有限公司
经　销　者：新华书店
787毫米×960毫米　32开本　7.5印张　174千字
2014年1月第1版　2024年8月第5次印刷
定　　价：29.00元

前言

本书为《日语完全教程》系列教材配套的单词手册。现行的日语教材中，往往将单词内容设在课文的后面，但如此一来，学生在查阅单词时需要来回翻页，极为不便，且教材往往比较厚重，不方便随身携带，学习者很难随时随地记忆单词。考虑到这些因素，我们特意将本书设计成较小的版面。

单词编排顺序和课文中的单词出现顺序完全对应，方便学习者对照学习生词和理解课文。单词基本上都标注了声调和词性，并且动词、形容词、副词和接续词都补充了例句，例句原则上取自课文，同时兼顾实用易记的要求，进行了适当的调整。

相信本书不仅是课本的好搭档，更会成为广大日语学习者随身相伴的良师益友。

2013年10月
编者

使用说明

本书使用以下略语来标注词性：

本书使用的略语	本书中的含义	对应其他教材	
		《标日》术语	学校语法术语
名	名詞	名词	名词
动Ⅰ	動詞Ⅰグループ	一类动词	五段动词
动Ⅱ	動詞Ⅱグループ	二类动词	一段动词
动Ⅲ	動詞Ⅲグループ	三类动词	カ变动词，サ变动词
い形	い形容詞	一类形容词	形容词
な形	な形容詞	二类形容词	形容动词
连体	連体詞	连体词	连体词
疑	疑問詞	疑问词	疑问词
代	代名詞	代词	代词
感	感嘆詞	叹词	叹词
副	副詞	副词	副词
接	接続詞	连词	接续词

说明：

本书在标注声调时，采用数字012345进行标注，参考了『NHK日本語発音アクセント辞典』，个别单词对应多种声调时，仅列出第1种。动词的声调均为基本形的声调。

P12-13 ←—单词在教材中出现的页数

たのむ　【頼む】　〈动Ⅰ〉　2　委托，请求　友達にスピーチを頼む。

↑发音　↑写法　↑词性　↑声调　↑中文解释　↑例句

目录

P 14 - 15

せいけつ（な）	【清潔（な）】	〈名・な形〉	0	干净，清洁	部屋を清潔にする。
かふんしょう	【花粉症】	〈名〉	0	花粉过敏症	
しょくぶつ	【植物】	〈名〉	2	植物	
くしゃみ		〈名〉	2	喷嚏	
はなみず	【鼻水】	〈名〉	0	鼻涕	
かゆみ	【痒み】	〈名〉	3	发痒（的程度）	
アレルギー		〈名〉	2	过敏症	
ヨーロッパ		〈名〉	3	欧洲	
ほくべい	【北米】	〈名〉	0	北美洲	
わずらう	【患う】	〈动Ⅰ〉	0	生（病）	心臓病を患う。
ひかくてき	【比較的】	〈副〉	0	比较	花粉症は比較的新しい病気だ。
ばくはつてきな	【爆発的な】	〈な形〉	0	爆发性的，急剧的	爆発的な人気を呼ぶ。
～わり	【～割】	〈名〉	0	…成	会社の6割の人が保険に入っている。

しゅとけん	【首都圏】	〈名〉	2	首都圈	
スギ		〈名〉	0	杉树	
はるさき	【春先】	〈名〉	0	早春，初春	
たいりょう	【大量】	〈名〉	0	大量	
ひさん（する）	【飛散（する）】	〈名·动III〉	0	飞散，飞溅	道にガラスの破片が飛散する。
あちこち		〈名〉	2	到处，各处	
きゅうぞう	【急増】	〈名〉	0	剧增，急速增长	
はいけい	【背景】	〈名〉	0	背景	
そのもの		〈名〉	4	（该事物）本身	
ともなう	【伴う】	〈动Ⅰ〉	3	随着，跟着	経済成長に伴い公害が深刻化した。
たいしつ	【体質】	〈名〉	0	体质	
よういん	【要因】	〈名〉	0	主要原因	
となえる	【唱える】	〈动Ⅱ〉	3	主张，提倡，倡导	自分の意見を唱える。
がくしゃ	【学者】	〈名〉	0	学者	

めんえき	【免疫】	〈名〉	0	免疫	
いぶつ	【異物】	〈名〉	0	异物	
しんにゅう（する）	【侵入（する）】	〈名·动III〉	0	入侵；闯入	車が歩行者道路に侵入した。
たいがい	【体外】	〈名〉	1	体外	
おいだす	【追い出す】	〈动Ⅰ〉	3	赶出，赶走	敵を国境から追い出した。
そなわる	【備わる】	〈动Ⅰ〉	3	具有；装备，装有	最新の設備が備わっている。
びょうげんたい	【病原体】	〈名〉	0	病原体	
はいりこむ	【入り込む】	〈动Ⅰ〉	4	进入，钻入	泥棒入り込んで貴重品が盗まれた。
いっしゅ	【一種】	〈名〉	1	一种；某种	
ぼうえい（する）	【防衛（する）】	〈名·动III〉	0	防卫	
システム		〈名〉	1	体系，系统	
さいきん	【細菌】	〈名〉	0	细菌	
きせいちゅう	【寄生虫】	〈名〉	0	寄生虫	
たたかう	【闘う】	〈动Ⅰ〉	0	作战；与…斗争	病気と闘う。

えいせい	【衛生】	〈名〉	0	卫生	
いしき	【意識】	〈名〉	1	意识，认识	
たかまる	【高まる】	〈动Ⅰ〉	3	高涨，提高，增长	生活水準が高まった。
さっちゅうざい	【殺虫剤】	〈名〉	3	杀虫剂	
くうちょう	【空調】	〈名〉	0	空调	
せつび	【設備】	〈名〉	1	设备	
ふきゅう（する）	【普及（する）】	〈名·动Ⅲ〉	0	普及	パソコンが急速に普及した。
しめつ（する）	【死滅（する）】	〈名·动Ⅲ〉	0	灭绝	日本狼はすでに死滅した。
べつに	【別に】	〈副〉	0	（后续否定形式）特别地	別に変わったところはなかった。
はいじょ（する）	【排除（する）】	〈名·动Ⅲ〉	1	排除	障害物を排除する。
くちく（する）	【駆逐（する）】	〈名·动Ⅲ〉	0	驱逐，赶走	悪貨は良貨を駆逐する。
かさねる	【重ねる】	〈动Ⅱ〉	0	反复；重叠	研究に研究を重ねる。
うみだす	【生み出す】	〈动Ⅰ〉	3	生出；创造出	工夫して新しい方法を生み出した。
ひにく（な）	【皮肉（な）】	〈名·な形〉	0	挖苦，讽刺	世の中は皮肉なものだ。

かいぜん（する）	【改善（する）】	〈名·动III〉	0	改善，改进	待遇を改善する。
ちょうじゅ	【長寿】	〈名〉	1	长寿	
ほこる	【誇る】	〈动Ⅰ〉	2	夸耀；自豪	百年の伝統を誇る。
かんせんしょう	【感染症】	〈名〉	0	感染症	
～しこう	【～志向】	〈名〉		…志向	
どがすぎる	【度が過ぎる】			过度	
こうきん	【抗菌】	〈名〉	0	抗菌	
せんい	【繊維】	〈名〉	1	纤维	
しょうどく（する）	【消毒（する）】	〈名·动III〉	0	消毒	傷口を消毒する。
～ずみ	【～済み】			已经…，…完了，…讫	
すなば	【砂場】	〈名〉	0	沙地，沙坑，沙池	
やくよう	【薬用】	〈名〉	0	药用，作药材用	
せっけん	【石けん】	〈名〉	0	肥皂	
げんだい	【現代】	〈名〉	1	现代，当代	

むきんしつ	【無菌室】	〈名〉	2	无菌室	
さっきん（する）	【殺菌（する）】	〈名·动III〉	0	杀菌，灭菌，消毒	お湯で殺菌する。
ブーム		〈名〉	1	风潮，热潮；…热	
かじょう（な）	【過剰（な）】	〈名·な形〉	0	过剩，过量	相手に過剰な期待をしない。
みのまわり	【身の回り】	〈名〉	0	日常生活用品	
はつどう（する）	【発動（する）】	〈名·动III〉	0	发动；行使；启动	エンジンを発動させる。
さらなる	【更なる】	〈连体〉	1	更，更进一步的	更なるご支援をお願いいたします。
てき	【敵】	〈名〉	0	敌人，对手	

P 16 - 17

なぜ	【何故】	〈副〉	1	为什么	なぜこうなるのか？
さいちゅう	【最中】	〈名〉	1	正当…中，正在进行…的时候	
けっきょく	【結局】	〈副〉	0	最后，结果	結局失敗した。
さんざん	【散々】	〈副〉	0	深深地，狠狠地，彻底地	彼に散々言われた。

しゃっきん	【借金】	〈名〉	3	借钱，欠款	
とうとう		〈副〉	1	终于，到底，终究	とうとう雨になった。
～ども				…们	
ぎせい	【犠牲】	〈名〉	0	牺牲	
いれい	【異例】	〈名〉	0	异例，破例，没有前例	
もくげき（する）	【目撃（する）】	〈名・动III〉	0	目击，目睹	交通事故を目撃した。
おめでたい		〈い形〉	0	可喜可贺的	おめでたい知らせが届く。

P 18 - 19

ひっしゃ	【筆者】	〈名〉	1	笔者
グラフ		〈名〉	1	图表，图解
～れき	【～歴】			…龄
けいこう	【傾向】	〈名〉	0	倾向
はなづまり	【鼻づまり】		0	鼻塞

じゅうけつ（する）	【充血（する）】	〈名·动Ⅲ〉	0	充血	目が充血する。
よめい	【余命】	〈名〉	0	余生，残年	
きつえん	【喫煙】	〈名〉	0	吸烟	
つられる	【釣られる】	〈动Ⅱ〉	0	被吸引，被引诱	景品に釣られて買ってしまった。
しぼう（する）	【死亡（する）】	〈名〉	0	死亡	交通事故で死亡した。
すいてい（する）	【推定（する）】	〈名·动Ⅲ〉	0	推定，推断，推算	費用は5億円と推定される。
ましな	【増しな】	〈な形〉	0	（比…）好（强）些	ないよりはましだ。
ヘビースモーカー		〈名〉	5	烟鬼	

P 20 - 21

おっくうな	【億劫な】	〈な形〉	3	感觉麻烦，懒得…	わざわざ出かけるのは億劫だ。
し	【死】	〈名〉	1	死亡	
いたる	【至る】	〈动Ⅰ〉	2	达，及，到达	本線はまだ開通に至らない。
なんとなく		〈副〉	4	总觉得，不由得；无意中	なんとなくいいことがありそうな気がする。

ふりょう	【不良】	〈名〉	0	（质量、状态）不好；品行不端	
うったえる	【訴える】	〈动Ⅱ〉	4	（诉）说；诉讼；诉诸…	苦痛を訴える。
マッサージ		〈名〉	3	按摩，推拿	
ひふ	【皮膚】	〈名〉	1	皮肤	
ふかい（な）	【不快（な）】	〈名・な形〉	2	不快，不愉快，不高兴	不快に思う。
たいかく	【体格】	〈名〉	0	体格，身体	
い	【胃】	〈名〉	0	胃	
いたむ	【痛む】	〈动Ⅰ〉	2	疼，痛；苦恼；损坏	虫歯が痛んで眠れなかった。
がまん（する）	【我慢（する）】	〈名・动Ⅲ〉	1	忍耐，忍受，容忍	腹が立つのを我慢する。
きず	【傷】	〈名〉	0	伤，创伤	
しみる		〈动Ⅱ〉	0	渗，浸；沾染	雨水が土にしみる。
エアコン		〈名〉	0	空调	
まなつ	【真夏】	〈名〉	0	盛夏	

めまい		〈名〉	2	头晕，眼花，目眩
みんかんりょうほう	【民間療法】	〈名〉	5	民间治疗法
てじゅん	【手順】	〈名〉	0	（工作的）次序

P 22 - 23

しょうしこうれいか	【少子高齢化】	〈名〉	1	少子老龄化	
げんじょう	【現状】	〈名〉	0	现状	
こくさいれんごう	【国際連合】	〈名〉	5	联合国	
そうじんこう	【総人口】	〈名〉	3	总人口	
うむ	【産む】	〈动Ⅰ〉	0	生（孩子）	彼女は三人の女の子を産んだ。
しゅっしょう・しゅっせい	【出生】	〈名〉	0	出生，诞生	
ごうけいとくしゅしゅっしょうりつ	【合計特殊出生率】	〈名〉	10	育龄妇女平均生育数	
したまわる	【下回る】	〈动Ⅰ〉	0	在…以下，低于…	結果が予想を下回る。
きゅうそくな	【急速な】	〈な形〉	0	迅速，快速	少子高齢化が急速に進んでいる。
いがく	【医学】	〈名〉	1	医学	
ばんこん	【晩婚】	〈名〉	0	晚婚	
みこん	【未婚】	〈名〉	0	未婚	

はどめ	【歯止め】	〈名〉	0	刹住，刹车	
せいさんりょく	【生産力】	〈名〉	3	生产力	
しゃかいほしょう	【社会保障】	〈名〉	4	社会保障	
ふたん	【負担】	〈名〉	0	负担	
せいど	【制度】	〈名〉	1	制度	
じしゅせい	【自主性】	〈名〉	0	自主性	
ねんきん	【年金】	〈名〉	0	养老金	
ざいせい	【財政】	〈名〉	0	财政	
きびしい	【厳しい】	〈い形〉	3	严峻；严格	財政が厳しくなる。
ちょちく	【貯蓄】	〈名〉	0	储蓄，积蓄	
きりくずす	【切り崩す】	〈动Ⅰ〉	4	砍低，削平；瓦解，破坏	山を切り崩す。
だいたすう	【大多数】	〈名〉	3	大多数，大部分	
しょうひ（する）	【消費（する）】	〈名・动Ⅲ〉	0	消费；耗费	好景気で生産が消費に追いつかない。
しほん	【資本】	〈名〉	0	资本；本钱	

かっぱつか（する）	【活発化（する）】	〈名・动III〉	0	（变得）活跃	国際交流を活発化する。
げんどうりょく	【原動力】	〈名〉	3	原动力，动力	
さいだい	【最大】	〈名〉	0	最大	
かいごほけんほう	【介護保険法】	〈名〉	0	护理保险法	
じっし（する）	【実施（する）】	〈名・动III〉	0	实施，施行，实行	新制度は来年4月から実施される。
ざいげん	【財源】	〈名〉	0	财源	
サービス		〈名〉	1	服务；接待，招待	
さいはいぶん（する）	【再配分（する）】	〈名・动III〉	3	再分配	利益を再配分する。
くいとめる	【食い止める】	〈动Ⅰ〉	4	控制住；阻止住	物価の値上がりを食い止める。
じちたい	【自治体】	〈名〉	0	自治体	
いくじ	【育児】	〈名〉	1	育儿	
せいび（する）	【整備（する）】	〈名・动III〉	1	完善，改善；维修，整修	道路網を整備する。
ていきょう（する）	【提供（する）】	〈名・动III〉	0	提供，供给	ただいまの番組はA社の提供でお送りしました。

しんしゅつ（する）	【進出（する）】	〈名·动III〉	0	参加；进入，打入	日本企業が海外に進出する。
さまたげ	【妨げ】	〈名〉	0	妨碍，阻碍	
いっこうに	【一向に】	〈副〉	0	（后接否定）完全，全然，一向	聞いても一向に返事がない。
けはい	【気配】	〈名〉	1	迹象，情形，动静	
こうちく（する）	【構築（する）】	〈名·动III〉	0	构筑，建筑	新たなシステムを構築する。
いみん	【移民】	〈名〉	0	移民	
ひきうける	【引き受ける】	〈动II〉	4	接受；承担，负责；答应	同好会の会長を引き受ける。
じゅうなんな	【柔軟な】	〈な形〉	0	灵活，不死板；柔软	柔軟な態度で臨む。
しせい	【姿勢】	〈名〉	0	态度，姿态；姿势	

P 24 - 25

すでに	【既に】	〈副〉	1	已经，业已	商店は既に閉まっていた。
しさ（する）	【示唆（する）】	〈名·动III〉	1	暗示，示意，启发	夏の猛暑は、収穫期の不作を示唆している。

まったく	【全く】	〈副〉	0	完全，全然；简直，实在	まったく知らない。
てにつかない	【手に付かない】		1-2	无法专心，心不在焉	頭が痛くて仕事が手に付かない。
すさまじい	【凄まじい】	〈い形〉	4	惊人的，骇人的；猛烈的	凄まじい勢いで発展する。
マニュアル		〈名〉	0	说明书，手册	
せんもんか	【専門家】	〈名〉	0	专家	
もじ	【文字】	〈名〉	1	文字	
とく	【解く】	〈动Ⅰ〉	1	解答；解开	宇宙の謎を解く。

P 26 - 27

じょうきゅう	【上級】	〈名〉	0	高级，上一级	
ひとりたび	【一人旅】	〈名〉	3	独自旅行	
つうしんきょういく	【通信教育】	〈名〉	5	函授教育	
はばひろい	【幅広い】	〈い形〉	4	广泛的	あの先生は幅広い趣味を持っている。
ちしき	【知識】	〈名〉	1	知识	

にほんごのうりょくしけん	【日本語能力試験】	〈名〉	9	日本语能力测试	
りゅうちょうな	【流暢な】	〈な形〉	1	流利，流畅	日本語を流暢に話せる。
わがまま（な）		〈名・な形〉	3	任性，恣意，放肆	わがままな人はだれからも嫌われる。
じゅうらい	【従来】	〈名〉	1	以往；直到现在	
せいいく	【成育】	〈名〉	0	成长，发育	
ぞうだい（する）	【増大（する）】	〈名・动III〉	0	增大，增多，增高	戦争の危機が増大する。
しえん（する）	【支援（する）】	〈名・动III〉	0	支援	平和運動を支援する。
せだい	【世代】	〈名〉	1	世代；一代	

P 28 - 29

へいきんち	【平均値】	〈名〉	3	平均值
～じゃく	【～弱】		1	不足…
ほじょせん	【補助線】	〈名〉	2	辅助线
ばらつき		〈名〉	0	零散；不平均

よのなか	【世の中】	〈名〉	2	世间，社会，世上	
どうにゅう（する）	【導入（する）】	〈名·动III〉	0	导入，引进	外資を導入する。
ファーストフード		〈名〉	5	快餐	
ろうりょく	【労力】	〈名〉	1	劳动力，劳力	
こよう（する）	【雇用（する）】	〈名·动III〉	0	雇佣，雇用	外国人を雇用する。
ききてきな	【危機的な】	〈な形〉	0	危险的	金融システムが危機的な状況に陥る。
そのまま		〈名〉	0	就这样；原封不动	
ケース		〈名〉	1	实例；场合，情况	
ひかん	【悲観】	〈名〉	0	悲观	
やとう	【雇う】	〈动Ⅰ〉	2	雇佣，雇用	彼を当校の教師に雇う。
どくりつ（する）	【独立（する）】	〈名·动III〉	0	独立，孤立	経済的に親から独立する。
ふうふ	【夫婦】	〈名〉	1	夫妇，夫妻	

P 30 - 31

ぜんはん	【前半】	〈名〉	0	前半，前一半

とうこう（する）	【登校（する）】	〈名·动Ⅲ〉	0	上学；到校	小学生が集団で登校する。
ひょうばん	【評判】	〈名〉	0	评价；名声	
みりょくてきな	【魅力的な】	〈な形〉	0	有魅力的	彼女は魅力的な女性だ。
ひけつ	【秘訣】	〈名〉	0	秘诀，诀窍	
こそだて	【子育て】	〈名〉	2	养育孩子，抚养孩子	
べつじん	【別人】	〈名〉	0	别人，另外一个人	
ろうご	【老後】	〈名〉	0	晚年	
きく	【利く】	〈动Ⅰ〉	0	敏锐，好使；奏效，见效	右手より左手のほうがよく利く。
ぜんてい	【前提】	〈名〉	0	前提	
メリット		〈名〉	1	优点	
デメリット		〈名〉	2	缺点	
ディスカッション		〈名〉	3	讨论	
つよめる	【強める】	〈动Ⅱ〉	3	加强，增强	抵抗力を強める。

P 32 - 33

がいらいご	【外来語】	〈名〉	0	外来语	
せいりつ（する）	【成立（する）】	〈名·动III〉	0	成立，完成，实现	和解が成立する。
しょてん	【書店】	〈名〉	0	书店	
じこけいはつしょ	【自己啓発書】	〈名〉	0	自我启发书	
コーナー			1	角；专柜	
めにつく	【目に付く】		1-1	引人注目，显眼	
じゅうようし（する）	【重要視（する）】	〈名·动III〉	3	重视，珍视	何よりも友情を重要視する。
あらわれ	【現れ】	〈名〉	0	表现，表露；结果	
かける	【欠ける】	〈动II〉	0	欠缺，不足	経営能力が欠けている。
げんに	【現に】	〈副〉	1	确实；实际	現に目撃した人がいる。
そえる	【添える】	〈动II〉	0	附上，配	写真を2枚添えて申し込む。
さす	【指す】	〈动I〉	1	指（…的意思）	下線部の「それ」は何を指しているか答えなさい。
きかん	【機関】	〈名〉	1	机关，组织，机构	

しょせき	【書籍】	〈名〉	1	书籍	
もくじ	【目次】	〈名〉	0	目录	
えんかつな	【円滑な】	〈な形〉	0	圆滑；圆满，顺利	言葉が通じても、円滑な交流は簡単ではない。
はなしじょうず	【話し上手】	〈名〉	4	能说会道（的人）	
ききじょうず	【聞き上手】	〈名〉	3	善于听别人讲话（的人）	
つたえて	【伝え手】	〈名〉	0	传达者	
～ないし		〈接〉	1	或，或者；到…，至…	企業ないし企業団体が利益を追求するのは当然だ。
うけて	【受け手】	〈名〉	0	接收者	
ここ	【個々】	〈名〉	1	各个，每个，各自	
たぐい	【類】	〈名〉	0	类，同类	
フレーズ		〈名〉	2	词组，短语；句子	
そうほうこう	【双方向】	〈名〉	3	双向	
ふくすう	【複数】	〈名〉	3	复数，几个	
やりとり	【遣り取り】	〈名〉	2	交换，互换；交谈	

いと	【意図】	〈名〉	1	意图；企图	
たっせい（する）	【達成（する）】	〈名・动III〉	0	完成；达成	生産目標を達成する。
それぞれ		〈名〉	2	各自，各个；分别	
ごかい	【誤解】	〈名〉	0	误会，误解	
かならずしも	【必ずしも】	〈副〉	4	（后续否定）不一定，未必	必ずしもそうとは限らない。
そうほう	【双方】	〈名〉	1	双方，两方	
そうご	【相互】	〈名〉	1	互相，彼此	
スムーズな		〈な形〉	2	圆满，顺利；光滑，平滑	スムーズなコミュニケーションは挨拶から始まる。
じたい	【事態】	〈名〉	1	事态；情势，局势	
どうどうめぐり（する）	【堂々巡り（する）】	〈名・动III〉	5	来回兜圈子（毫无进展）	議論が堂々巡りするだけで結論が出ない。
つきもの		〈名〉	2	避免不了的事情，离不开的东西	
しゅうふく（する）	【修復（する）】	〈名・动III〉	0	修复	校舎を修復する。
むしろ		〈副〉	1	与其…不如…，宁可	まったく嬉しくはない。むしろ、悲しく思っている。

せいじゅく（する）	【成熟（する）】	〈名·动III〉	0	成熟	社会が成熟した。
ようするに	【要するに】	〈副〉	3	总之，总而言之	要するに、君が言いたい事は何だ。
さいげん	【際限】	〈名〉	3	止境，尽头	
かてい	【過程】	〈名〉	0	过程	
きょうどう（する）	【共同（する）】	〈名·动III〉	0	共同	共同で出資する。
ようしき	【様式	〈名〉	0	式样，方式，形式	
にんしき（する）	【認識（する）】	〈名·动III〉	0	认识，理解	事の重要性を認識する。
きょうゆう（する）	【共有（する）】	〈名·动III〉	0	共同所有，公有；共享	財産を共有する。
ありがち（な）		〈名·な形〉	0	常有的，常见的	これは誰にもありがちな間違いだ。
へいこうせん	【平行線】	〈名〉	0	平行线；互不相容，互不妥协	
いさかい		〈名〉	0	争论，争吵，口角	

P 34 - 35

みょうちょう	【明朝】	〈名〉	0	明天早上	

ふみだす	【踏み出す】	〈动Ⅰ〉	3	迈出；出发，进入；着手	第一歩を踏み出す。
ベジタリアン		〈名〉	3	素食主义者	
しりごみ（する）	【尻込み（する）】	〈名·动Ⅲ〉	3	踌躇；畏缩；倒退	敵の勢いに尻込みする。
ちゃくよう（する）	【着用（する）】	〈名·动Ⅲ〉	0	穿，戴	ヘルメットを着用する。

P 36 - 37

さいていげん	【最低限】	〈名〉	3	最低限度，起码	
じょげん（する）	【助言（する）】	〈名·动Ⅲ〉	0	出主意；建议，指点	友人に助言する。
たいしょ（する）	【対処（する）】	〈名·动Ⅲ〉	1	处理，应付，对付	難局に対処する。

P 38 - 39

かんさつ（する）	【観察（する）】	〈名·动Ⅲ〉	0	观察，仔细查看	動物の生態を観察する。
あいづちをうつ	【相槌を打つ】		0–1	随声附和	
ぼご	【母語】	〈名〉	1	母语	
さまたげる	【妨げる】	〈动Ⅱ〉	4	妨碍，阻碍，阻挡	交通を妨げる。

いいかえる	【言い換える】	〈动Ⅱ〉	3	换句话说；改变说法	分かりやすく言い換える。
きょうかん（する）	【共感（する）】	〈名·动Ⅲ〉	0	同感，共鸣	人々の共感を呼ぶ。
いずれにしても		〈副〉	6	反正，总之，不管怎样	いずれにしても再度検討する必要がある。
さっする	【察する】	〈动Ⅲ〉	0	推测，判断；体谅，谅察	気配を察する。
どうりょう	【同僚】	〈名〉	0	同事	
きゅうびょう	【急病】	〈名〉	0	急病，急性病	
とりひきさき	【取引先】	〈名〉	0	客户，顾客	
プレゼンテーション		〈名〉	5	提案，方案	
わるくち	【悪口】	〈名〉	2	坏话，毁谤，谩骂	悪口を言う。

P 40 - 41

セールスマン		〈名〉	4	推销员	
かきあげる	【掻き上げる】	〈动Ⅱ〉	4	梳上去，拢上去	髪を掻き上げる。
むいしき	【無意識】	〈名〉	2	无意识，不知不觉	

じしんまんまん	【自信満々】	〈名〉	0	充满自信	
のりだす	【乗り出す】	〈动Ⅰ〉	3	探出，挺出	窓から身を乗り出して外を見る。
ペア		〈名〉	1	一对，一双	
じっせん（する）	【実践（する）】	〈名・动Ⅲ〉	0	实践，现实	理論を実践に移す。

P 42 - 43

こらい	【古来】	〈名〉	1	自古以来	
ちえ	【知恵】	〈名〉	2	智慧	
へいがい	【弊害】	〈名〉	0	弊病，恶劣影响	
えんのした	【縁の下】	〈名〉	3	（廊子的）地板下；屋檐下	
はえる	【生える】	〈动II〉	2	（牙齿，毛发等）生长；发（芽）	ひげが生える。
ごうりてきな	【合理的な】	〈な形〉	0	合理的	人間は決して合理的な動物ではない。
ものもらい		〈名〉	3	（偷）针眼，麦粒肿	
あずき	【小豆】	〈名〉	3	红豆，赤豆	
おまじない		〈名〉	0	魔法，咒文，护身符	
ふんべつ	【分別】	〈名〉	0	辨别，判断；分别，区别	
すすめ	【勧め】	〈名〉	0	规劝，劝诱，劝告	

～いない	【～以内】		1	…以内	
めぐすり	【目薬】	〈名〉	2	眼药	
ほうる	【放る】	〈动Ⅰ〉	0	弃之不顾，不加理睬；扔，抛	仕事を放っておく。
がんか	【眼科】	〈名〉	0	眼科	
～いらい	【～以来】		1	…以来	
ぎしき	【儀式】	〈名〉	1	仪式，典礼	
きづかい	【気遣い】	〈名〉	2	担心，忧虑	
きまりごと	【決まりごと】	〈名〉	0	规矩，规则	
にゅういん（する）	【入院（する）】	〈名·动Ⅲ〉	0	住院	病気で2週間入院した。
はちうえ	【鉢植え】	〈名〉	0	盆栽，花盆	
ねづく	【根付く】	〈动Ⅰ〉	2	生根，扎根	挿し木が根付いた。
ねつく	【寝付く】	〈动Ⅰ〉	2	病倒，因病卧床；睡着，入睡	かぜで先週から寝付いたままだ。
ながびく	【長引く】	〈动Ⅰ〉	3	拖长，拖延，延迟	質問が多くて会議が長引いた。
れんそう（する）	【連想（する）】	〈名·动Ⅲ〉	0	联想	桜というと入学式を連想する。

えんぎ	【縁起】	〈名〉	0	兆头；起源	
たんに	【単に】	〈副〉	1	仅，只；只不过…罢了（而已）	単に聞いてみただけだ。
ごろあわせ	【語呂合わせ】	〈名〉	3	谐音	
いいつたえ	【言い伝え】	〈名〉	0	传说	
おもいやり	【思い遣り】	〈名〉	0	体谅，体贴；关心，关怀	
めいしん	【迷信】	〈名〉	0	迷信	
ひのえうま	【丙午】	〈名〉	0	丙午（年）	
あたる	【当たる】	〈动Ⅰ〉	0	时值；相当	今年のクリスマスは水曜にあたる。
きしょう	【気性】	〈名〉	0	秉性，脾气，性情	
ちぢめる	【縮める】	〈动Ⅱ〉	0	缩短，缩小；减少，削减	先頭との差を縮める。
～ちゅうき	【～中期】			…中期，…中叶	
まびき（する）	【間引き（する）】	〈名·动Ⅲ〉	0	杀死初生婴儿；间苗	大根を間引きする。

およぼす	【及ぼす】	〈动Ⅰ〉	3	影响到，波及到，使遭到	生命に危険を及ぼす。
さずかる	【授かる】	〈动Ⅰ〉	3	受孕	結婚10年目でやっと子どもを授かった。
ひゃくがいあっていちりなし	【百害あって一利なし】			百害而无一利	
ふうしゅう	【風習】	〈名〉	0	风俗，习惯	
ねんちゅうぎょうじ	【年中行事】	〈名〉	5	每年定例的活动（仪式）	
でんしょう（する）	【伝承（する）】	〈名·动Ⅲ〉	0	口传，代代相传	農村には昔から伝承されてきた話が多い。
よろこばしい	【喜ばしい】	〈い形〉	5	可喜，喜悦；高兴	こんな喜ばしいことはない。
まぶた	【瞼】	〈名〉	1	眼睑，眼皮	
ことなる	【異なる】	〈动Ⅰ〉	3	不一样，不同	風俗は国によって異なる。
こだい	【古代】	〈名〉	1	古代	
えと	【干支】	〈名〉	0	天干地支，生肖，属相	
じゅうにし	【十二支】	〈名〉	3	十二支	

P 44 - 45

ひくめる	【低める】	〈动Ⅱ〉	3	降低，放低	温度を低める。
かけつける	【駆けつける】	〈动Ⅱ〉	0	（急忙）跑去，跑来，赶到	真っ先に火事場に駆けつける。
ゆくえふめい	【行方不明】	〈名〉	4	失踪，下落不明	
～しょう	【～省】			（日本内阁）…省	
きくばり	【気配り】	〈名〉	2	照料，照顾，关照	
こうけん（する）	【貢献（する）】	〈名·动Ⅲ〉	0	贡献	世界平和に貢献する。

P 46 - 47

ほんば	【本場】	〈名〉	0	原产地，发源地	
いろづく	【色付く】	〈动Ⅰ〉	3	变色	カエデが色づく。
じんぼう	【人望】	〈名〉	0	威望，威信	
はっそう（する）	【発想（する）】	〈名·动Ⅲ〉	0	构思；主意	奇抜なことを発想する。
なんごく	【南国】	〈名〉	0	南国，南方各地	

まんきつ（する）	【満喫（する）】	〈名・动III〉	0	充分领略，充分享受；吃足，饱尝	古都の秋を満喫する。
ぎもん	【疑問】	〈名〉	0	疑问	
マイナス		〈名〉	0	不利；负，负面；减	
つめ	【爪】	〈名〉	0	指甲	
しにめ	【死に目】	〈名〉	0	临死，临终	
おばけ	【お化け】	〈名〉	2	妖怪，妖精	
きたまくら	【北枕】	〈名〉	3	头朝北睡	
よこぎる	【横切る】	〈动Ⅰ〉	3	横穿，横切	車道を横切る。
ふきつ（な）	【不吉（な）】	〈名・な形〉	0	不吉利，不吉祥	不吉な予感がする。
くいあわせ	【食い合わせ】	〈名〉	0	同时吃两样食物	
かきごおり	【かき氷】	〈名〉	3	刨冰	
プラス		〈名〉	1	有利；正，正面；加	
ちゃばしら	【茶柱】	〈名〉	2	茶叶茎，茶叶杆	

かわ	【皮】	〈名〉	2	皮	
てのひら	【手のひら】	〈名〉	1	手掌	
さいせん	【賽銭】	〈名〉	0	香钱，香资	
ごえん	【ご縁】	〈名〉	2	缘分，机缘；关系	
じゅうじゅう	【重々】	〈副〉	0	重复地；屡次	重々お詫びする。

P 48 - 49

どうきょ（する）	【同居（する）】	〈名・动III〉	0	同居，同住	主人の家族と同居している。
べっきょ（する）	【別居（する）】	〈名・动III〉	0	分居，分开居住	母とは別居している。
せつぶん	【節分】	〈名〉	0	立春的前一天	
ひなまつり	【雛祭り】	〈名〉	3	女儿节，桃花节	
たんごのせっく	【端午の節句】	〈名〉	1	端午节	
たなばた	【七夕】	〈名〉	0	七夕，乞巧节	
けいろうのひ	【敬老の日】	〈名〉	6	敬老节	
がくげいかい	【学芸会】	〈名〉	3	（小学生）文娱会	

がいとう（する）	【該当（する）】	〈名·动III〉	0	符合，适合；相当	該当する項に丸をつける。
～じゅん	【～順】			按…顺序	
つぐ	【次ぐ】	〈动Ⅰ〉	0	接着，继…之后；次于	これに次いでもうひとつの事件が起こった。
はんえい（する）	【反映（する）】	〈名·动III〉	0	反映	この政策は世論をよく反映している。
とどまる	【留まる】	〈动Ⅰ〉	3	止于，限于；停下，止住	入場者は500人に留まった。
すごす	【過ごす】	〈动Ⅰ〉	2	度过，生活	幼年期を外国で過ごした。
そうば	【相場】	〈名〉	0	行情，行市	
たかめ	【高め】	〈名〉	0	稍高，较高；稍贵，较贵	
なごや	【名古屋】	〈名〉	1	名古屋	
ちゅうぶ	【中部】	〈名〉	1	中部	
あげる	【挙げる】	〈动II〉	0	举行，举办	式を挙げる。
しんぷ	【新婦】	〈名〉	1	新娘	
おおめ	【多め】	〈名〉	0	多一些，略多些	

ぐうすう	【偶数】	〈名〉	3	偶数，双数	
きんがく	【金額】	〈名〉	0	金额，款额	
あんじ	【暗示】	〈名〉	0	暗示，示意	
さける	【避ける】	〈动II〉	2	躲避，避免；防备	ラッシュを避ける。
しきたり		〈名〉	0	惯例，常规，成规	
おどす	【脅す】	〈动I〉	0	吓唬，威吓	刃物で店員を脅す。
いとこ		〈名〉	2	堂表兄弟（姐妹）	
おい	【甥】	〈名〉	0	侄子，外甥	
めい	【姪】	〈名〉	0	侄女，外甥女	
ようは	【要は】	〈副〉	1	要紧的是，总之	要は本人の努力次第だ。
しゅうぎぶくろ	【祝儀袋】	〈名〉	4	喜封，红包	
そうしき	【葬式】	〈名〉	0	葬礼	
こうはく	【紅白】	〈名〉	1	红与白	
ちょうむすび	【蝶結び】	〈名〉	3	蝴蝶结，蝴蝶扣	
ひっぱる	【引っ張る】	〈动I〉	3	拉，拽，扯	人の足を引っ張る。

ほどける	【解ける】	〈动Ⅱ〉	3	解开，松开；消除，解除	靴ひもの結び目が解ける。
せけんしらず（な）	【世間知らず（な）】	〈名・な形〉	4	不懂世故，阅历浅	世間知らずな人だから、ピンと来ない。
ぶなんな	【無難な】	〈な形〉	0	说得过去，无可非议	この服ならまあ無難だ。
みあう	【見合う】	〈动Ⅰ〉	2	相称；互相对看	収入に見合った生活をする。

P 50 - 51

きたく（する）	【帰宅（する）】	〈名・动Ⅲ〉	0	回家	夜中に帰宅する。
カルチャースクール		〈名〉	6	文化学校	
きょうふ	【恐怖】	〈名〉	1	恐怖，恐惧	
でんせつ	【伝説】	〈名〉	0	传说	
ぶっきょう	【仏教】	〈名〉	1	佛教	
おきて	【掟】	〈名〉	0	成规；规章	
ばっする	【罰する】	〈动Ⅲ〉	0	处罚，惩罚，责罚	いたずらをした生徒を罰する。
うめる	【埋める】	〈动Ⅱ〉	0	填，填满；掩埋	余白を埋める。

はさむ	【挟む】	〈动Ⅰ〉	2	夹	本を小脇に挟む。
ゆらい	【由来】	〈名〉	0	来历，由来	
かそう	【火葬】	〈名〉	0	火葬	
ほね	【骨】	〈名〉	0	骨，骨头	
いぞく	【遺族】	〈名〉	1	遗属，遗族	
ようき	【容器】	〈名〉	1	容器	
おさめる	【納める】	〈动Ⅱ〉	3	收，装，放入，收进	刀をさやに納める。

P 52 - 53

にちべい	【日米】	〈名〉	1	日美	
くちにする	【口にする】			说，挂在嘴上；吃，尝味道	人の悪口を口にする。
うつる	【映る】	〈动Ⅰ〉	2	有…印象；映照	人の目にどう映るか考えてみろ。
とう	【問う】	〈动Ⅰ〉	1	问，询问；质询	会議で新しい改革案を全員に問う。
ついやす	【費やす】	〈动Ⅰ〉	3	花费，耗费	この本を書き上げるのに5年の歳月を費やした。
いっぽう	【一方】	〈接〉	3	一方面，另一方面	彼はアレルギーで海老が食べられない。一方、彼の妹は花粉症だ。
うずうず		〈副〉	1	心里发痒	外に出たくてうずうずしている。
ぼうだいな	【膨大な】	〈な形〉	0	庞大，巨大	膨大な資金が必要だ。
さ	【差】	〈名〉	0	差别，差异，区别	
みみにする	【耳にする】			听到	変な噂を耳にした。
からみあう	【絡み合う】	〈动Ⅰ〉	4	纠缠不清，错综复杂	利害が絡み合う。

おやのすねをかじる	【親の脛をかじる】			靠父母养，啃老	
まかなう	【賄う】	〈动Ⅰ〉	3	筹措；供给，供应；供应伙食	アルバイトをして学費を賄う。
しょうすうは	【少数派】	〈名〉	0	少数派	
しゃかいじん	【社会人】	〈名〉	2	社会成员，成年人	
じりつ（する）	【自立（する）】	〈名·动Ⅲ〉	0	自立，独立	親もとを離れて自立する。
こんぽんてき（な）	【根本的（な）】	〈な形〉	0	根本的，彻底的	根本的に改革する。
うけみ	【受け身】	〈名〉	3	被动	
じたい	【自体】	〈名〉	1	本身，自身	
きょういん	【教員】	〈名〉	0	教员，教师	
けいたい	【形態】	〈名〉	0	形态，样子，形状	
りしゅう（する）	【履修（する）】	〈名·动Ⅲ〉	0	学习，选修；学完，完成学业	規定の科目を履修する。
きりがない				无限的，无止境的	
かいかく（する）	【改革（する）】	〈名·动Ⅲ〉	0	改革	機構を改革する。
てほん	【手本】	〈名〉	2	样板，范本，模范	

ようせい（する）	【養成（する）】	〈名・动III〉	0	培养，造就，培训	人材を養成する。
インターンシップ		〈名〉	5	实习生的实习期，实习工作	
さんぎょう	【産業】	〈名〉	0	产业，实业，工业	
～かい	【～界】			…界	
れんけい（する）	【連携（する）】	〈名・动III〉	0	联合，合作，协作	関係諸機関が連携して研究開発を行う。
プログラム		〈名〉	3	计划，进程	
じっかん（する）	【実感（する）】	〈名・动III〉	0	真是地感受到…；真实感	現実の厳しさを実感する。
たいとく（する）	【体得（する）】	〈名・动III〉	0	体会，领会，体验	要領を体得する。
しょ～	【諸～】			诸…，各…	
まね（する）	【真似（する）】	〈名・动III〉	0	仿效，模仿；举止，动作	泣く真似をする。
よびよせる	【呼び寄せる】	〈动II〉	4	召集来，叫到跟前来	弟を国元から呼び寄せる。
わく	【枠】	〈名〉	2	框框，圈子	

どくじ	【独自】	〈名〉	1	独自，个人	
はあく（する）	【把握（する）】	〈名·动III〉	0	充分理解，掌握；紧握	情勢を把握する。
ひび	【日々】	〈名〉	1	天天，每天	

P 54 - 55

まかす	【任す】	〈动Ⅰ〉	2	托付，交给…	運営は役員に任されている。
せきにん	【責任】	〈名〉	0	责任，职责	
あまえ	【甘え】	〈名〉	0	撒娇，恃宠故作姿态	
せいじ	【政治】	〈名〉	0	政治	
けんり	【権利】	〈名〉	1	权利	
やりくり（する）	【遣り繰り（する）】	〈名·动III〉	2	设法（妥善）安排，筹措	時間を遣り繰りして出席する。
いずれ		〈名·副〉	0	反正，早晚，迟早；哪个，哪一方面	彼はいずれやってくる。

きずつける	【傷付ける】	〈动II〉	4	伤，弄伤，伤害	プライドを傷付ける。
きょうぞん（する）	【共存（する）】	〈名・动III〉	0	共存，共处	異なる人種が共存する。
りそう	【理想】	〈名〉	0	理想	

P 56 - 57

ミス		〈名〉	1	失败，错误，失误	
つぼ		〈名〉	0	罐，坛，瓮；穴位	
せっきょう（する）	【説教（する）】	〈名・动III〉	3	说教，教诲	親に説教された。
けつだん（する）	【決断（する）】	〈名・动III〉	0	决断，果断，当机立断	決断を下す。
そん	【損】	〈名〉	1	亏损，吃亏	
しょうち（する）	【承知（する）】	〈名・动III〉	0	知道，明白，清楚；同意	無理を承知でお願いしている。
メンバー		〈名〉	1	(团体的)成员，分子	
ごじつ	【後日】	〈名〉	1	日后，将来	
あらためて～	【改めて～】	〈副〉	3	重新，再次	改めて感謝します。

P 58 - 59

はっき（する）	【発揮（する）】	〈名·动III〉	0	发挥，施展	才能を発揮する。
そくばく（する）	【束縛（する）】	〈名·动III〉	0	束缚，限制	時間に束縛される。
きがね（する）	【気兼ね（する）】	〈名·动III〉	0	顾虑，拘谨，拘束，不自由	先輩の前ではなんとなく気兼ねする。
しゅうきょう	【宗教】	〈名〉	1	宗教	
しんこう	【信仰】	〈名〉	0	信仰，信奉	
パーセンテージ		〈名〉	5	百分比，百分率	
ぜんしゃ	【前者】	〈名〉	1	前者	
ぺきん	【北京】	〈名〉	1	北京	
こうしゃ	【後者】	〈名〉	1	后者	
じゅうし（する）	【重視（する）】	〈名·动III〉	1	重视，认为重要	語学教育を重視する。
いちじるしい	【著しい】	〈い形〉	5	显著的，明显的	成績が著しく向上する。
うわまわる	【上回る】	〈动Ⅰ〉	4	超过，超出	平均点は60点を上回る。
がっか	【学科】	〈名〉	0	学科，科目；专业	

めいかくな	【明確な】	〈な形〉	0	明确	明確に答える。
どうよう	【同様】	〈名〉	0	同样，一样	
かんてん	【観点】	〈名〉	1	观点，看法，见地	
ほんらい	【本来】	〈名〉	1	本来，原来	
ぶんけん	【文献】	〈名〉	0	文献，文件，参考资料	
せんこう（する）	【先行（する）】	〈名・动III〉	0	先行，领先	先行したグループと合流する。
たっする	【達する】	〈动III〉	0	达，达到；到达	被害は2億円にも達した。
ほそく（する）	【補足（する）】	〈名・动III〉	0	补充	説明を補足する。
こうさつ（する）	【考察（する）】	〈名・动III〉	0	考察，研究	日本人の社会意識について考察する。
まざる	【混ざる】	〈动Ⅰ〉	2	混合，混杂	米に麦が混ざる。
みょうじ	【名字】	〈名〉	1	姓	
ねんごう	【年号】	〈名〉	3	年号	
いんよう（する）	【引用（する）】	〈名・动III〉	0	引用	原文を引用する。

リスト		〈名〉	1	名单，目录，一览表	
かていきょうし	【家庭教師】	〈名〉	4	家庭教师	

P 60 - 61

きまつ	【期末】	〈名〉	0	期末	
かん	【勘】	〈名〉	0	直觉，第六感，灵感	
きぞん・きそん	【既存】	〈名〉	0	现有，原有	
やくわり	【役割】	〈名〉	0	职务，作用，任务	
～ねんじ	【～年次】		1	…年度	
へんにゅう（する）	【編入（する）】	〈名·动III〉	0	编入，插入，排入	町が隣の市に編入される。
すべりどめ	【すべり止め】	〈名〉	0	保底（学校）；防滑物	
よくねん	【翌年】	〈名〉	0	次年，第二年	
アイディア		〈名〉	1	点子，创意	

げいじゅつ	【芸術】	〈名〉	0	艺术	
こうがくぶ	【工学部】	〈名〉	4	工学系，工程学系	
ほうがくぶ	【法学部】	〈名〉	4	法学系	
はんろん（する）	【反論（する）】	〈名・动III〉	0	反驳	堂々と反論した。

P 62 - 63

やくご	【訳語】	〈名〉	0	译词，翻译词	
ごげん	【語源】	〈名〉	0	语源，词源	
ラテンご	【ラテン語】	〈名〉	0	拉丁语	
しつぎょう（する）	【失業（する）】	〈名·动III〉	0	失业	会社が倒産して失業する。
～うる	【～得る】		1	能够…，可能…	それはあり得ることだ。
がいねん	【概念】	〈名〉	1	概念	
つみたてる	【積み立てる】	〈动II〉	4	积存，积攒，积累	結婚資金を積み立てる。
リスク		〈名〉	1	风险，危险	
ほけんきん	【保険金】	〈名〉	0	保险金	
いりょうほけん	【医療保険】	〈名〉	4	医疗保险	
ねんきんほけん	【年金保険】	〈名〉	5	养老保险	
しゃかいほけん	【社会保険】	〈名〉	4	社会保险	
こっか	【国家】	〈名〉	1	国家	

きゅうげきな	【急激な】	〈な形〉	0	急剧，骤然	株価が急激に上昇した。
こうぎょうか	【工業化】	〈名〉	0	工业化	
そうせつ（する）	【創設（する）】	〈名·动III〉	0	创设，创立，创办	大学を創設する。
もくてき	【目的】	〈名〉	0	目的，目标	
ちんぎん	【賃金】	〈名〉	1	工资，薪金，薪水	
さいがい	【災害】	〈名〉	0	灾害，灾祸	
しゃかいしゅぎうんどう	【社会主義運動】	〈名〉	6	社会主义运动	
よくせい（する）	【抑制（する）】	〈名·动III〉	0	抑制，制止	感情を抑制する。
とうじ	【当時】	〈名〉	1	当时	
けんこうほけんほう	【健康保険法】	〈名〉	0	健康保险法	
せいてい（する）	【制定（する）】	〈名·动III〉	0	制定	憲法を制定する。
ろうどううんどう	【労働運動】	〈名〉	5	工人运动	
こくみんけんこうほけんほう	【国民健康保険法】	〈名〉	0	国民健康保险法	
こくみんねんきんほう	【国民年金法】	〈名〉	7	国民养老金法	

こくみんかいほけん	【国民皆保険】	〈名〉	7	国民皆有保险	
こくみんかいねんきん	【国民皆年金】	〈名〉	7	国民皆有养老金	
しょとく	【所得】	〈名〉	0	所得，收入；收益	
ぶんぱい（する）	【分配（する）】	〈名・动III〉	0	分配，配给，分给	援助物資を被災者に分配する。
こうてきふじょ	【公的扶助】	〈名〉		政府(官方)扶助	
りゅうしゅつ（する）	【流出（する）】	〈名・动III〉	0	流出，外流	国宝が海外に流出する。
きゅうさい（する）	【救済（する）】	〈名・动III〉	0	救济	難民を救済する。
ひんみん	【貧民】	〈名〉	3	贫民	
まっき	【末期】	〈名〉	1	末期	
まずしい	【貧しい】	〈い形〉	3	贫穷，贫乏	貧しい人を助ける。
せいかつほご	【生活保護】	〈名〉	5	生活保障	
ぼしかてい	【母子家庭】	〈名〉	3	单亲（母子）家庭	
きゅうふ（する）	【給付（する）】	〈名・动III〉	1	分发，付给，供给	従業員に制服を給付する。
じどうふじょてあて	【児童扶助手当】	〈名〉	6	儿童扶助补贴	

せんご	【戦後】	〈名〉	0	战后	
ぶんかてき（な）	【文化的（な）】	〈な形〉	0	文化的，文化上的	会社としても文化的な活動に協力しなければならない。
さいていげんど	【最低限度】	〈名〉	5	最低限度	
～なん	【～難】			…难	
さくげん（する）	【削減（する）】	〈名·动III〉	0	削减，删减，减去	経費を削減する。
じこふたんりつ	【自己負担率】	〈名〉	4	自己（个人）负担比率	
うごき	【動き】	〈名〉	3	变化，动向，征兆	
そうごふじょ	【相互扶助】	〈名〉	4	互相扶助，互相帮助	
つよまる	【強まる】	〈动Ⅰ〉	3	变强，增强	反対意見が強まってきた。
じゅきゅうしゃ	【受給者】	〈名〉	2	领取者，领取人	
しんさ（する）	【審査（する）】	〈名·动III〉	1	审查	厳正に審査する。
げんかくな	【厳格な】	〈な形〉	0	严格，严肃，严厉	厳格な態度をとる。
ひきさげ	【引き下げ】	〈名〉	0	降低，减低	

しんぱいのたね	【心配の種】	〈名〉	0-1	担心的根源	
はんする	【反する】	〈动III〉	3	（与…）相反；违反	期待に反して惨敗した。
きりすてる	【切り捨てる】	〈动II〉	4	抛弃，舍弃；切掉，砍去	過去を切り捨てて新しい生活を始める。
むじゅん（する）	【矛盾（する）】	〈名・动III〉	0	矛盾；不一致	矛盾が生じる。
		P 64 - 65			
アルコール		〈名〉	0	酒精，乙醇；酒	
むよう（な）	【無用（な）】	〈名・な形〉	0	没有用处，无用；没必要，无需	文学は決してこの世に無用な学問ではない。
かがやく	【輝く】	〈动Ⅰ〉	3	放光（辉），闪耀；充满，洋溢	好きだと目を輝かせて語る。
かなう	【叶う】	〈动Ⅰ〉	2	实现，如愿以偿	望みが叶う。
ばったり		〈副〉	3	突然相遇状；物体突然倒下状	昔の恋人と街でばったり出会った。
うんめい	【運命】	〈名〉	1	命运	
そうちょう	【早朝】	〈名〉	0	早晨，早上，清晨	

しんや	【深夜】	〈名〉	1	深夜，半夜	
いじょう（な）	【異常（な）】	〈名·な形〉	0	异常，不寻常，反常	異常な状況が続く。
きしょう	【気象】	〈名〉	0	气象，气候	

P 66 - 67

こなす		〈动Ⅰ〉	0	处理，做完；运用自如	難問をこなす。
めん	【麺】	〈名〉	1	面条	
かんようく	【慣用句】	〈名〉	3	惯用（短）语，熟语	
ふしょう	【不詳】	〈名〉	0	不详，不清楚，不知道	
じゃっかん	【若干】	〈名〉	0	若干；少许	
こうもく	【項目】	〈名〉	0	项目；条目，词条	
そうい	【相違】	〈名〉	0	不一致，不同，分歧	

P 68 - 69

げんかい	【限界】	〈名〉	0	限度，极限；界限，范围	
こくさいてき（な）	【国際的（な）】	〈な形〉	0	国际的，国际性的	東京は国際的な町だ。
しめる	【占める】	〈动Ⅱ〉	2	占有，占领，占据	過半数を占めている。
そぜい	【租税】	〈名〉	1	国税和地方税，税款	
すうち	【数値】	〈名〉	1	数值	
せんしんこく	【先進国】	〈名〉	3	发达国家	
スウェーデン		〈名〉	2	瑞典	
ほくおう	【北欧】	〈名〉	0	北欧	
しょこく	【諸国】	〈名〉	1	各国，诸国	
おとる	【劣る】	〈动Ⅰ〉	2	劣；次；不如，不及	彼の歌のうまさは、プロにも劣らない。
かくだん（な）	【格段（な）】	〈名·な形〉	0	特别，非常，格外	クラスの中では彼が格段に優秀だ。

ぶもん	【部門】	〈名〉	1	部门，部类，方面	
じゅうじつ（する）	【充実（する）】	〈名·动III〉	0	充实	充実した生活を送る。
ていふたん	【低負担】	〈名〉	3	低负担，负担轻	
ていきゅうふ	【低給付】	〈名〉	3	低供给，低工资	
こうふたん	【高負担】	〈名〉	3	高负担，负担重	
こうふきゅう	【高給付】	〈名〉	3	高供给，高工资	
ていじ（する）	【提示（する）】	〈名·动III〉	0	出示	証拠を提示する。
せんざいてき（な）	【潜在的（な）】	〈な形〉	0	潜在的	潜在的な需要が大きい。
あかじ	【赤字】	〈名〉	0	赤字，亏损，入不敷出	

P 70 - 71

ねんしゅう	【年収】	〈名〉	0	年收入
いってい	【一定】	〈名〉	0	一定，规定，固定
いか	【以下】	〈名〉	1	以下，在…以下
はいぐうしゃ	【配偶者】	〈名〉	3	配偶

こうひ	【公費】	〈名〉	1	公费，官费	
あん	【案】	〈名〉	1	计划，方案；意见，主意	
ふきょう	【不況】	〈名〉	0	不景气，萧条	
ししょう	【支障】	〈名〉	0	阻碍，障碍，影响	
しょひよう	【諸費用】	〈名〉	2	各种费用	
とみ	【富】	〈名〉	1	财富，财产，资产；资源	
ぞうぜい（する）	【増税（する）】	〈名·动III〉	0	增税，加税	消費税を増税する。
ふしんかん	【不信感】	〈名〉	2	不相信，不信任，怀疑	上司に不信感を抱く。
ろうれい	【老齢】	〈名〉	0	老年，高龄	
こんなん（な）	【困難（な）】	〈名·な形〉	1	困难，艰难	困難な時こそ、力を一つに集めることが求められる。
そち（する）	【措置（する）】	〈名·动III〉	1	措施，处理，处理办法	適切に措置する。
ちょくめん（する）	【直面（する）】	〈名·动III〉	0	面临，面对	困難に直面する。

きょうせい（する）	【強制（する）】	〈名·动III〉	0	强制，强迫	労働を強制する。
うらづける	【裏付ける】	〈动II〉	4	证实，印证，证明	事実が彼の言葉を裏付ける。
ようそ	【要素】	〈名〉	1	要素，因素	
さいど	【再度】	〈名〉	1	再一次	

P 72 - 73

とくめい	【匿名】	〈名〉	0	匿名	
ぜひ	【是非】	〈名·副〉	1	是非，正确与错误；务必	
じつめい	【実名】	〈名〉	0	实名，真名	
げんそく	【原則】	〈名〉	0	原则	
みまん	【未満】	〈名〉	1	未满，不足	
しょうねんほう	【少年法】	〈名〉	3	少年法	
～じょう	【～条】			第…条	
きてい	【規定】	〈名〉	0	规定	
とくてい（する）	【特定（する）】	〈名·动III〉	0	特别指定	犯人を特定する。
きんじる	【禁じる】	〈动II〉	3	禁止，不准	喫煙を禁じる。
きょうあく（な）	【凶悪（な）】	〈名·な形〉	0	凶恶，凶狠	凶悪な犯罪が起こる。
さつじん	【殺人】	〈名〉	0	杀人	
ようぎしゃ	【容疑者】	〈名〉	3	嫌疑犯	

けんりょく	【権力】	〈名〉	1	权力	
よろん・せろん	【世論】	〈名〉	1	舆论，世论	
ほうしん	【方針】	〈名〉	0	方针	
ひがいしゃ	【被害者】	〈名〉	2	受害者，被害人，受灾者	
おくそく	【憶測】	〈名〉	0	揣测，猜测，臆测	
かたよる	【偏る】	〈动Ⅰ〉	3	偏颇，偏袒	判定が一方に偏る。
センセーショナルな		〈な形〉	3	轰动社会的；耸人听闻的；激动人心的	センセーショナルな報道を避ける。
めいよ	【名誉】	〈名〉	1	名誉，荣誉，光荣	
けんぜんな	【健全な】	〈な形〉	0	健康，健全；坚实，稳固	健全な精神を養う。
こうせい（する）	【更生（する）】	〈名・动Ⅲ〉	0	重新做人；更生，复兴	悪の道から更生する。
ふっき（する）	【復帰（する）】	〈名・动Ⅲ〉	0	重回；恢复（原状）；复职	職場に復帰する。
きんねん	【近年】	〈名〉	1	近几年，最近	

せいさい（する）	【制裁（する）】	〈名・动III〉	0	制裁	世論の制裁を受ける。
ようごろんしゃ	【擁護論者】	〈名〉	4	拥护论者	
かがいしゃ	【加害者】	〈名〉	2	加害者	
やっき（な）	【躍起（な）】	〈名・な形〉	0	拼命，竭力；发急，急躁；激动，兴奋	躍起になって弁明する。
さらす		〈动Ⅰ〉	0	暴露，抛露；晒，曝晒	危険に身をさらす。
かんじょうろん	【感情論】	〈名〉	3	偏于感情的议论	
しんがい（する）	【侵害（する）】	〈名・动III〉	0	侵害，侵犯	人権を侵害する。
いはん（する）	【違反（する）】	〈名・动III〉	0	违反	契約に違反する。
ひはん（する）	【批判（する）】	〈名・动III〉	0	批判，批评，指责	政策を批判する。
つみ	【罪】	〈名〉	1	罪，罪责；罪孽	
しらしめる	【知らしめる】	〈动II〉	4	让人知道	世界にその名を知らしめる。
とうそう（する）	【逃走（する）】	〈名・动III〉	0	逃走，逃跑	犯人が逃走する。
そうさ（する）	【捜査（する）】	〈名・动III〉	1	搜查，查找	犯人の足どりを追って捜査する。

してき（する）	【指摘（する）】	〈名·动III〉	0	指出，指摘	間違いを指摘する。
ろんり	【論理】	〈名〉	1	逻辑，论理；道理，规律	
ようい（な）	【容易（な）】	〈名·な形〉	0	容易，简单	これらの問題の解決は容易なことではない。
ぎむづける	【義務付ける】	〈动II〉	4	使具有…义务；规定必须…	納税を義務付ける。
すじょう	【素性】	〈名〉	0	来历，经历，身世；出身	
きょひ（する）	【拒否（する）】	〈名·动III〉	1	拒绝；否决；谢绝	要求を拒否する。
うらがえす	【裏返す】	〈动Ⅰ〉	3	反过来，翻过来	札を裏返して見る。
いだく	【抱く】	〈动Ⅰ〉	2	怀有，怀抱；抱，搂	疑問を抱く。
とうの～	【当の～】	〈连体〉	1	该…，此…，这…，本…	
しゅうい	【周囲】	〈名〉	1	周围，四周	
あやまち	【過ち】	〈名〉	3	错误，过错，失败	
そもそも	【そもそも】	〈副〉	1	从一开始，最初，起始	そもそもこの計画の目的はなんなのか。

せんびき	【線引き】	〈名〉	0	划分	
ことがら	【事柄】	〈名〉	0	事情，事体，事态	

P 74 - 75

ちょめい（な）	【著名（な）】	〈名·な形〉	0	著名，有名	チョムスキーは著名な言語学者である。
よびかけ	【呼びかけ】	〈名〉	0	号召，呼吁；招呼，呼唤	
きふきん	【寄付金】	〈名〉	2	捐款	
よせる	【寄せる】	〈名〉	0	寄；送	多くの寄付金が寄せられた。
たちあい	【立会い】	〈名〉	0	会同，在场，列席	
けんしょう（する）	【検証（する）】	〈名·动III〉	0	验证；检验，查证	仮説を検証する。
さきゆき	【先行き】	〈名〉	0	将来，前途	
みとおす	【見通す】	〈动Ⅰ〉	0	预料，推测	3年先のことを見通す。
べんごし	【弁護士】	〈名〉	3	律师	
きんメダル	【金メダル】	〈名〉	3	金牌	

わがや	【我が家】	〈名〉	1	我家，自己的家	
いまだに		〈副〉	0	还，仍然	いまだに帰ってこない。
ちゅうこしゃ	【中古車】	〈名〉	3	旧车，二手车	
あきれる		〈动II〉	0	吃惊，惊讶；吓呆，发愣	あきれてものが言えない。
しょうだん	【商談】	〈名〉	0	谈判，洽谈	
ベテラン		〈名〉	0	老手，经验丰富的人，老练的人	
ねぶそく（な）	【寝不足（な）】	〈名・な形〉	2	睡眠不足，缺觉	寝不足でまぶたが重い。

P 76 - 77

あらためる	【改める】	〈动II〉	4	改，改变；改正；修改	悪習を改める。
いちりゅう	【一流】	〈名〉	0	一流，头等	
どうい（する）	【同意（する）】	〈名・动III〉	0	同意，赞同；同义	提案に同意する。
とうひょう（する）	【投票（する）】	〈名・动III〉	0	投票	支持政党に投票する。
ごうとう	【強盗】	〈名〉	0	强盗，抢劫	

ほうか（する）	【放火（する）】	〈名·动III〉	0	放火，纵火	物置に放火する。
ひこう	【非行】	〈名〉	0	不当行为，不良行为	
どうこう	【動向】	〈名〉	0	动向	

P 78 - 79

かはんすう	【過半数】	〈名〉	2	过半数，半数以上	
なかば	【半ば】	〈名〉	3	半，一半；中途，半途；中间	
けんきょ（する）	【検挙（する）】	〈名·动III〉	1	逮捕，拘留	容疑者を検挙する。
すいい（する）	【推移（する）】	〈名·动III〉	1	推移，变迁，演进，发展	情勢が推移する。
じょうげ（する）	【上下（する）】	〈名·动III〉	1	上下波动，涨落，升降	相場が激しく上下する。
ようご	【用語】	〈名〉	0	用语，措辞，用词	
ぶんしょ	【文書】	〈名〉	1	文书，公文，文件，公函	
ふとうこう	【不登校】	〈名〉	2	拒绝上学	

なまけもの	【怠け者】	〈名〉	0	懒汉，懒鬼	
てきおう（する）	【適応（する）】	〈名・动III〉	0	适应，顺应，适合	新しい環境に適応する。
ひていてきな	【否定的な】	〈な形〉	0	否定的	否定的な意見がある。
もんぶかがくしょう	【文部科学省】	〈名〉	5	文部科学省	
きっかけ		〈名〉	0	机会，时机；开端	
あやしい	【怪しい】	〈い形〉	3	奇怪；可疑	怪しい男が道で話しかけてきた。
ふわ	【不和】	〈名〉	1	不和，不和睦，感情不好	
しんきゅう（する）	【進級（する）】	〈名・动III〉	0	升学	2年生に進級する。
がくぎょう	【学業】	〈名〉	2	学业	

P 80 - 81

じどうようごしせつ	【児童養護施設】	〈名〉	7	儿童福利院	
ざんしんな	【斬新な】	〈な形〉	0	崭新的，新颖的	斬新なアイディアを出す。
ときおり	【時折】	〈副〉	0	有时，偶尔	時折便りがある。

みちあふれる	【満ちあふれる】	〈动II〉	5	洋溢，饱满	元気に満ちあふれている。
せいき	【正規】	〈名〉	1	正规，正式	
ゆうがい（な）	【有害（な）】	〈名·な形〉	0	有害	この金属は健康に有害だ。
ぎゃくたい（する）	【虐待（する）】	〈名·动III〉	0	虐待	幼児を虐待する。
やくぶつ	【薬物】	〈名〉	2	药物，药品	
りっこうほ（する）	【立候補（する）】	〈名·动III〉	3	当候选人，参加竞选	参議院議員選挙に立候補する。
けいしき	【形式】	〈名〉	0	形式	
になう	【担う】	〈动I〉	2	肩负，负担，承担；挑，担	地球の未来を担う。
せいしょうねん	【青少年】	〈名〉	3	青少年	
いくせい（する）	【育成（する）】	〈名·动III〉	0	培养，培育，培训	健康な青少年を育成する。
さいゆうせん（する）	【最優先（する）】	〈名·动III〉	3	最优先，优先处理	安全性を最優先する。

P 82 - 83

かんこう	【慣行】	〈名〉	0	惯例，常规；例行	
とうらい（する）	【到来（する）】	〈名·动III〉	0	来到，到来	好機が到来する。
しゅうしんこようせいど	【終身雇用制度】	〈名〉	8	终身雇佣制度	
ねんこうじょれつせいど	【年功序列制度】	〈名〉	8	论资排辈制度	
とくしょく	【特色】	〈名〉	0	特色，特征，特点	
バブル		〈名〉	1	泡沫（经济）	
ほうかい（する）	【崩壊（する）】	〈名·动III〉	0	崩溃，倒塌，垮	地震で家屋が崩壊する。
こうどけいざいせいちょう	【高度経済成長】	〈名〉	1-5	经济高度增长	
かいこ（する）	【解雇（する）】	〈名·动III〉	1	解雇	従業員を解雇する。
たいはん	【大半】	〈名〉	0	多半，过半，大部分	
ねんすう	【年数】	〈名〉	3	年数，年头	

たいぐう	【待遇】	〈名〉	0	待遇	
ちい	【地位】	〈名〉	1	地位	
ちゅうせいしん	【忠誠心】	〈名〉	3	忠心，忠诚度	
あんていてき（な）	【安定的（な）】	〈な形〉	0	稳定的，安稳的，安定的	安定的な経済成長こそが健全な社会を育てる。
かくほ（する）	【確保（する）】	〈名・动III〉	1	确保	必要な食料を確保する。
～たんい	【～単位】			以…为单位	
そしき	【組織】	〈名〉	1	组织	
はんぜん	【判然】		0	明显，明确	意図が判然としない。
いちりつ	【一律】	〈名〉	0	一律，一样	
しょうきゅう（する）	【昇給（する）】	〈名・动III〉	0	加薪，提薪	年に一度昇給する。
りにかなう	【理にかなう】		1-2	合乎道理，合理	
～もう	【～網】			…网	
ぶつりゅう	【物流】	〈名〉	0	物流	
ネットワーク		〈名〉	4	网络	

しじょうかいほう	【市場開放】	〈名〉	4	市场开放	
グローバル			2	全球的，全世界规模的	
かそく（する）	【加速（する）】	〈名·动III〉	0	加速，增加速度	加速して前の車を追い越す。
きょうそう（する）	【競争（する）】	〈名·动III〉	0	竞争，竞赛	売り上げを競争する。
かちぬく	【勝ち抜く】	〈动Ⅰ〉	0	战斗到取得最后的胜利，连胜，胜出	勝ち抜いて決勝戦に進出する。
たいしょくきん	【退職金】	〈名〉	0	退职金	
じんけんひ	【人件費】	〈名〉	3	人工费，劳务费	
せいか	【成果】	〈名〉	1	成果，成就	
もさく（する）	【模索（する）】	〈名·动III〉	0	摸索	解決策を模索する。
ぬけだす	【抜け出す】	〈动Ⅰ〉	3	摆脱，脱出；溜出；超出，领先	苦境を抜け出す。
リストラ		〈名〉	0	裁员	
そくせんりょく	【即戦力】	〈名〉	3	能即刻使用的劳动力	

ちゅうとさいようしゃ	【中途採用者】	〈名〉	6	中途录用者，非应届录用者	
おさえる	【抑える】	〈动II〉	3	控制，抑制	支出を抑える。
りえき	【利益】	〈名〉	1	利益，利润，盈利	
うすれる	【薄れる】	〈动II〉	3	薄弱，渐弱，模糊	記憶が薄れる。
ふうちょう	【風潮】	〈名〉	0	潮流，倾向，时势	
おもに	【主に】	〈副〉	1	主要	あの会社は主に外国と取引をしている。
てきせつ（な）	【適切（な）】	〈名·な形〉	0	恰当，妥当，适当	適切な指導を行う。
まさつ	【摩擦】	〈名〉	0	摩擦；意见分歧	
じょうせい	【情勢】	〈名〉	0	形势，局势，情势	
ふうど	【風土】	〈名〉	1	风土，水土	
なじむ	【馴染む】	〈动Ⅰ〉	2	适应；融合	靴が足に馴染んでくる。

P 84 - 85

バット	〈名〉	1	球棒

グローブ		〈名〉	2	（棒球等）手套	
よほど		〈副〉	0	很，颇，相当	よほど疲れたのだろう。
てどり	【手取り】	〈名〉	3	到手收入，税后收入	
ごうかくライン	【合格ライン】	〈名〉	5	及格线	
うらやましい	【羨ましい】	〈い形〉	5	羡慕	同僚の出世がうらやましい。
せいぜい		〈副〉	1	最多（也就）…，充其量；尽量，尽力	長くてもせいぜい1週間だろう。
こせいてきな	【個性的な】	〈な形〉	0	有个性的；别有风格的	もっと個性的なものを書いてほしい。
ぎそう（する）	【偽装（する）】	〈名・动III〉	0	伪装，掩饰	食品の産地表示を偽装する。
しょくひん	【食品】	〈名〉	0	食品	
じゅしょう（する）	【受賞（する）】	〈名・动III〉	0	获奖，得奖	ノーベル賞を受賞する。
そう～		〈副〉	0	（并非）那样地…（后续否定）	きのうの試験はそう難しくなかった。
ぼうらく（する）	【暴落（する）】	〈名・动III〉	0	（行市）暴跌	物価が暴落する。

P 86 - 87

のう	【脳】	〈名〉	1	脑，脑力	
はったつ（する）	【発達（する）】	〈名·动III〉	0	发育；发展	医療技術が発達する。
ぎょうせき	【業績】	〈名〉	0	成就，成绩，业绩	
きゅうよ	【給与】	〈名〉	1	工资，薪金	
つみかさねる	【積み重ねる】	〈动II〉	5	积累；不断…；堆砌，堆积	討議を積み重ねる。
しゃれき	【社歴】	〈名〉	0	工龄	
ねんぽう	【年俸】	〈名〉	0	年薪	
きほんきゅう	【基本給】	〈名〉	2	基本工资	
いったいかん	【一体感】	〈名〉	3	一体感	
ねんこうちんぎん	【年功賃金】	〈名〉	5	工龄工资	
きりひらく	【切り開く】	〈动I〉	4	开创，开辟；杀开；凿开	未来を切り開く。
しゃたく	【社宅】	〈名〉	0	公司职工宿舍或住宅	

ほようじょ	【保養所】	〈名〉	0	疗养所，休养所	

P 88 - 89

しじ（する）	【支持（する）】	〈名·动III〉	1	支持，赞成，拥护	新内閣を支持する。
いったん	【一旦】	〈副〉	0	一度；一旦	一旦口にした以上責任をもたなければならない。
ふたたび	【再び】	〈副〉	0	再，又，重	いつか再び会う日もあるだろう。
ないてい（する）	【内定（する）】	〈名·动III〉	0	内定	就職が内定する。
いばしょ	【居場所】	〈名〉	0	住处，下落	
キャリア		〈名〉	1	履历，经历；生涯，职业	
いくじきゅうぎょう	【育児休業】	〈名〉	4	产假	
たくじしょ	【託児所】	〈名〉	0	托儿所	
フレックスタイムせい	【フレックスタイム制】	〈名〉	9	弹性工作时间制	
しゅっきん（する）	【出勤（する）】	〈名·动III〉	0	上班	会社へ出勤する。
しゅうしょくかつどう	【就職活動】	〈名〉	5	就业活动，找工作	

せたい	【世帯】	〈名〉	1	家庭；户	
しゅとく（する）	【取得（する）】	〈名・动III〉	0	取得，拿到，获得	免許を取得する。
ほんしゃ	【本社】	〈名〉	1	总社，总公司	
ぎょうむ	【業務】	〈名〉	1	业务，工作	

P 90 - 91

きぼ	【規模】	〈名〉	1	规模，范围	
とおる	【通る】	〈动Ⅰ〉	1	通过，穿过	法案が衆議院を通る。
あっか（する）	【悪化（する）】	〈名・动III〉	0	恶化，变坏	病状が悪化する。
かくしゅ	【各種】	〈名〉	1	各种，各样，种种	
はんぼう（な）	【繁忙(な)】	〈名・な形〉	0	繁忙	特定期間とは対象期間中で特に業務が繁忙な期間のことである。
はたす	【果たす】	〈动Ⅰ〉	2	完成，实现，实行	責任を果たす。
ろうどうくみあい	【労働組合】	〈名〉	5	工会	
ひょうめい（する）	【表明（する）】	〈名・动III〉	0	表明，表示	反対の態度を表明する。
けっこう（する）	【決行（する）】	〈名・动III〉	0	坚决进行	登頂を決行する。

いちだんらく	【一段落】	〈名〉	3	一个段落，一个阶段	
あまえる	【甘える】	〈动II〉	0	撒娇，恃宠故作姿态	親に甘える。
げきだん	【劇団】	〈名〉	0	剧团，剧院	
ちめいど	【知名度】	〈名〉	2	知名度	
ゆうきゅうきゅうか	【有給休暇】	〈名〉	5	带薪休假	
しゃふう	【社風】	〈名〉	0	公司风气	
だんじょさべつ	【男女差別】	〈名〉	4	男女区别对待，性别歧视	

P 92 - 93

はんしんあわじだいしんさい	【阪神淡路大震災】	〈名〉	1-1-3	阪神淡路大地震	
がんねん	【元年】	〈名〉	1	元年	
ゆとり		〈名〉	0	宽裕，余裕，余地	
しんさい	【震災】	〈名〉	0	震灾，地震灾害	
かんさい	【関西】	〈名〉	1	关西	
ちく	【地区】	〈名〉	1	地区	
ひさいしゃ	【被災者】	〈名〉	2	受灾者，灾民	
たきだし	【炊き出し】	〈名〉	0	烧饭赈济灾民	
きゅうすい（する）	【給水（する）】	〈名・动III〉	0	供水	断水地区に給水する。
ごらく	【娯楽】	〈名〉	0	娱乐，文娱	
だいきぼ（な）	【大規模（な）】	〈名・な形〉	3	大规模，规模宏大	大規模な開発を進める。
てんかい（する）	【展開（する）】	〈名・动III〉	0	开展，展开；展现	激しい論争を展開する。
いよく	【意欲】	〈名〉	1	意志，热情，积极性	

ほうじんかく	【法人格】	〈名〉	3	法人资格	
みとめる	【認める】	〈动Ⅱ〉	0	认为；承认；允许	特別に入場を認める。
とくていひえいりかつどうそくしんほう	【特定非営利活動促進法（NPO法）】			特定非营利活动促进法	
しこう（する）	【施行（する）】	〈名・动Ⅲ〉	0	实施，实行；生效	新税法を施行する。
きそ	【基礎】	〈名〉	1	基础；根基	
せいやく（する）	【制約（する）】	〈名・动Ⅲ〉	0	限制，制约	時間に制約される。
けいぞくてき（な）	【継続的（な）】	〈な形〉	0	连续，持续	継続的な業務改善を行う。
しょうがいしゃ	【障害者】	〈名〉	3	残疾人	
じはつてき（な）	【自発的（な）】	〈な形〉	0	主动的，自发的，自觉的	自発的に参加する。
うわのせ（する）	【上乗せ（する）】	〈名・动Ⅲ〉	0	追加，另加	定価に消費税を上乗せする。
マッチングギフト		〈名〉	5	配捐，匹配捐款	
ひとやくかう	【一役買う】	〈动Ⅰ〉	2	主动承担任务，主动帮忙	街の清掃運動に一役買う。
しんとう（する）	【浸透（する）】	〈名・动Ⅲ〉	0	（液体，思想等）渗透，渗入	新しい生活様式が国民に浸透する。

きがる（な）	【気軽（な）】	〈名·な形〉	0	随意，随便；轻松愉快	気軽に使うことができる。
かいしゃづとめ	【会社勤め】	〈名〉	4	在公司上班	
きんろうしゃ	【勤労者】	〈名〉	3	劳动者	
しょうれい（する）	【奨励（する）】	〈名·动III〉	0	奖励，鼓励	貯蓄を奨励する。
きたえる	【鍛える】	〈动II〉	3	锻炼，锤炼	技を鍛える。
スキル		〈名〉	2	技能，技巧	
おおいに	【大いに】	〈副〉	1	大，很；甚；颇	大いに自信がある。
しげき（する）	【刺激（する）】	〈名·动III〉	0	刺激	学習意欲を刺激する。
とくべつしえんがっこう	【特別支援学校】	〈名〉	8	特殊教育学校	
サマースクール		〈名〉	5	暑期（补习）学校，夏季讲习会	
いんそつ（する）	【引率（する）】	〈名·动III〉	0	率领	新入生を引率する。
ともすれば		〈副〉	1	往往，动不动，动辄	ともすれば寂しくなる。
ほうし（する）	【奉仕（する）】	〈名·动III〉	1	服务，效劳	社会に奉仕する。

めいれい（する）	【命令（する）】	〈名・动III〉	0	命令	出発を命令する。
いぎ	【意義】	〈名〉	1	意义	
かくど	【角度】	〈名〉	1	角度；立场	
しゅうかく（する）	【収穫（する）】	〈名・动III〉	0	收割；收获	大豆を収穫する。
むしょう	【無償】	〈名〉	0	无偿，免费	

P 94 - 95

きんりん	【近隣】	〈名〉	0	近邻，邻近	
じんざい	【人材】	〈名〉	0	人才	
きょうちょうせい	【協調性】	〈名〉	0	协调性，协作性	
ぜいたく（な）	【贅沢（な）】	〈名・な形〉	0	奢侈，奢华	贅沢な生活をする。
ライフライン		〈名〉	4	生命线	
たつ	【断つ】	〈动Ⅰ〉	1	切断，截断；裁剪	水源を断つ。
かさい	【火災】	〈名〉	0	火灾	
どろみず	【泥水】	〈名〉	0	泥水	

めちゃくちゃ（な）		〈名・な形〉	0	乱七八糟，乱套，胡乱	風で髪がめちゃくちゃになった。
うみべ	【海辺】	〈名〉	0	海边，海滨	
きんにくつう	【筋肉痛】	〈名〉	0	肌肉酸痛	

P 96 - 97

おこし	【お越し】	〈名〉	0	驾临，光临
たからくじ	【宝くじ】	〈名〉	3	彩票
あいけん	【愛犬】	〈名〉	0	爱犬
ロボット		〈名〉	1	机器人
かみさま	【神様】	〈名〉	1	神，上帝，老天爷

P 98 - 99

エヌジーオー	【NGO】	〈名〉	5	非政府组织	
えんじょ（する）	【援助（する）】	〈名・动III〉	1	援助；帮助；支持	資金を援助する。
ひりつ	【比率】	〈名〉	0	比例，比率	

そうかん（する）	【相関（する）】	〈名・动III〉	0	相关，密切关联	時間と空間が相関している。
オーディーエー	【ODA】	〈名〉	5	政府开发援助	
べいこく	【米国】	〈名〉	0	美国	
ベルギー		〈名〉	0	比利时	
オランダ		〈名〉	0	荷兰	
カナダ		〈名〉	1	加拿大	
えいこく	【英国】	〈名〉	0	英国	
オーストリア		〈名〉	4	奥地利	
ルクセンブルク		〈名〉	5	卢森堡	
イタリア		〈名〉	0	意大利	
フィンランド		〈名〉	1	芬兰	
デンマーク		〈名〉	3	丹麦	
あいご	【愛護】	〈名〉	1	爱护，保护	
きずつく	【傷付く】	〈动Ⅰ〉	3	受伤，负伤	傷付いた足が痛む。
ぼきん（する）	【募金（する）】	〈名・动III〉	0	募捐	街頭で募金する。

さとおや	【里親】	〈名〉	0	养父，养母，养父母	
じょうと（する）	【譲渡（する）】	〈名·动III〉	1	转让	土地を譲渡する。
うんえい（する）	【運営（する）】	〈名·动III〉	0	运营，经营，管理，运作	会社を運営する。
いきさつ		〈名〉	0	经过，原委，始末	
むね	【旨】	〈名〉	2	要点，大意，趣旨	
スタッフ		〈名〉	2	工作人员，成员	
アドレス		〈名〉	1	（邮件）地址	
ほんぶ	【本部】	〈名〉	1	本部，总部	
がいよう	【概要】	〈名〉	0	概要，概略，大略	
じゅんじょ	【順序】	〈名〉	1	顺序，次序	
そうふ（する）	【送付（する）】	〈名·动III〉	1	发送，寄送，寄出	合格通知を送付する。

P 100 - 101

しきん	【資金】	〈名〉	1	资金，资本

パートナー		〈名〉	1	合作伙伴，合伙人，搭档	
しんりん	【森林】	〈名〉	0	森林	
ばっさい（する）	【伐採（する）】	〈名・动III〉	0	采伐，砍伐	森林を伐採する。
あれはてる	【荒れ果てる】	〈动II〉	4	荒废，荒凉	庭は荒れ果てて、見る影もない。
うながす	【促す】	〈动I〉	3	催促，促使	新陳代謝を促す。
たがく	【多額】	〈名〉	0	大数量，大金额	
ショー		〈名〉	1	表演，演出，秀	
ふようひん	【不用品】	〈名〉	0	不用的物品	
ふっこう（する）	【復興（する）】	〈名・动III〉	0	复兴，重建	被災した町が復興する。
しゅさい（する）	【主催（する）】	〈名・动III〉	0	主办，主持	コンサートを主催する。
せってい（する）	【設定（する）】	〈名・动III〉	0	设定，设立，布置	規則を設定する。
リーダー		〈名〉	1	领导人，领袖	
せいげん（する）	【制限（する）】	〈名・动III〉	3	限制，限定	入場者を制限する。
かんゆう（する）	【勧誘（する）】	〈名・动III〉	0	劝，劝说，劝诱	保険に加入するよう勧誘する。

P 102 - 103

しょうぎょう	【商業】	〈名〉	1	商业	
～をきに	【～を機に】			利用…的机会，以……为契机	結婚を機に退職した。
はたして～	【果たして～】	〈副〉	2	果然，果真；到底，究竟	果たしてまた会えるだろうか。
だいとし	【大都市】	〈名〉	3	大城市	
しょうとし	【小都市】	〈名〉	3	小城市	
りべんせい	【利便性】	〈名〉	3	便利性	
うんこう（する）	【運行（する）】	〈名·动III〉	0	行驶；运行	電車はダイヤどおりに運行する。
べん	【便】	〈名〉	1	便利，方便	
ゆういせい	【優位性】	〈名〉	3	优越性	
はんめん	【反面】	〈名〉	3	反面，另一面	
はんかがい	【繁華街】	〈名〉	3	繁华街，闹市	
じゅうかんきょう	【住環境】	〈名〉	3	居住环境	

ちあん	【治安】	〈名〉	0	治安	
のうそん	【農村】	〈名〉	0	农村	
ほんすう	【本数】	〈名〉	3	（电车等）班次数量	
さびれる		〈动II〉	0	萧条，冷落，凋零，衰败	町がさびれる。
きんこう	【近郊】	〈名〉	0	近郊，郊区	
みをおく	【身をおく】			置身于	
りてん	【利点】	〈名〉	0	优点，长处	
いわゆる		〈连体〉	3	所谓的	
ユーターンしゅうしょく	【Uターン就職】	〈名〉	6	返乡工作	
いなか	【田舎】	〈名〉	0	农村，乡村	
ごみごみ		〈副〉	1	杂乱无章	実家はごみごみした商店街の中にある。
じもと	【地元】	〈名〉	0	本地，当地	
わ	【輪】	〈名〉	1	圈，圈子	

とけこむ	【溶け込む】	〈动Ⅰ〉	3	融入	彼はすっかりその土地に溶け込んでいる。
～きる				非常…，极其…	
たしょう	【多少】	〈副〉	0	稍微，多少	多少時間がかかる。
はたらきざかり	【働き盛り】	〈名〉	5	壮年期，年富力强	
としぶ	【都市部】	〈名〉	2	城市，市区	
せいさんねんれいじんこう	【生産年齢人口】	〈名〉	9	劳动年龄人口	
いぜん	【依然】	〈副〉	0	依然，仍然	負担は依然大きい。
のびなやむ	【伸び悩む】	〈动Ⅰ〉	4	停滞不前，进度缓慢	
インフラ		〈名〉	0	基础设施	
あくじゅんかん	【悪循環】	〈名〉	3	恶性循环	
かっせいか（する）	【活性化（する）】	〈名·动Ⅲ〉	0	使……具有生气，搞活	愛は脳を活性化する。
そっせん（する）	【率先（する）】	〈名·动Ⅲ〉	0	率先，带头	率先して手伝う。
やまほど	【山ほど】	〈副〉	2	许多，堆积如山	勉強することが山ほどある。

ぶんさん（する）	【分散（する）】	〈名·动III〉	0	分散，散开	力を分散する。
おしすすめる	【推し進める】	〈动II〉	5	推进，推动，推行	リサイクル運動を推し進める。
きょうりょく（な）	【強力（な）】	〈名·な形〉	0	强有力的，大力	改革を強力に推進する。
しさく	【施策】	〈名〉	0	对策，措施	
ながれ	【流れ】	〈名〉	0	流动；潮流	

P 104 - 105

げんきゅう	【減給】	〈名〉	0	减薪	
ぎょうせい	【行政】	〈名〉	0	行政	
しょぶん（する）	【処分（する）】	〈名·动III〉	1	处分，处罚；处理，销毁	違反者を厳重に処分する。
せいりょくてきな	【精力的な】	〈な形〉	0	精力充沛地	精力的に活動する。
エコ		〈名〉	1	生态环境；环保意识	
あびる	【浴びる】	〈动II〉	0	受到，遭受到	喝采を浴びる。
くぎり	【区切り】	〈名〉	3	阶段；段落	

せっきゃく（する）	【接客（する）】	〈名·动III〉	0	会客，接待客人	笑顔で接客する。
かおだち	【顔立ち】	〈名〉	0	容貌，相貌	
からだつき	【体付き】	〈名〉	0	体格，体型，姿态，身材	
あたいする	【値する】	〈动III〉	0	值，值得…，有…的价值	一見に値する。
りんり	【倫理】	〈名〉	1	伦理	
なしえる	【成し得る】	〈动II〉	3	能完成，能实现	信じて努力すれば何事も成し得る。
ざせつ（する）	【挫折（する）】	〈动III〉	0	挫折，失败	資金不足で新事業が挫折する。

P 106 - 107

いきわかれる	【生き別れる】	〈动II〉	5	诀别，天各一方	戦争で生き別れる。
つうこう（する）	【通行（する）】	〈名·动III〉	0	通行；广泛流传	車が道の左側を通行する。
おおにぎわい	【大賑わい】		3	热闹非凡	
しょうひしゃぶっかしすう	【消費者物価指数】	〈名〉	9	消费者物价指数（CPI）	

ほっかいどう	【北海道】	〈名〉	3	北海道
とうほく	【東北】	〈名〉	0	东北
かんとう	【関東】	〈名〉	1	关东
とうかい	【東海】	〈名〉	0	东海
きんき	【近畿】	〈名〉	1	近畿
ちゅうごく	【中国】	〈名〉	0	中国（本州岛西部地区）
しこく	【四国】	〈名〉	2	四国
きゅうしゅう	【九州】	〈名〉	1	九州
おきなわ	【沖縄】	〈名〉	0	冲绳

P 108 - 109

めいしょう	【名称】	〈名〉	0	名称
よこはま	【横浜】	〈名〉	0	横滨
おおさか	【大阪】	〈名〉	0	大阪

きょうと	【京都】	〈名〉	1	京都	
こうべ	【神戸】	〈名〉	1	神户	
くうらん	【空欄】	〈名〉	0	空栏处，空白处	
じゅうたくじょうほうし	【住宅情報誌】	〈名〉	7	住宅信息杂志	
としん	【都心】	〈名〉	0	市中心	
しんちく（する）	【新築（する）】	〈名·动III〉	0	新建；翻新；新居	別荘を新築する。
てごろ（な）	【手ごろ（な）】	〈名·な形〉	0	（大小，价格等）合适，适中	手頃な値段で買える。
めやす	【目安】	〈名〉	0	目标；基准	
ちくねんすう	【築年数】	〈名〉	3	建筑年数，房龄	
しょよう	【所要】	〈名〉	0	所需，需要	
りっち	【立地】	〈名〉	0	（工农业）布局；选址	
とほ	【徒歩】	〈名〉	1	徒步，步行	
かいそう（する）	【改装（する）】	〈名·动III〉	0	改装，装修	室内を改装する。

ちょっけつ	【直結】	〈名〉	0	直接连接；（与…）直接有关联	
かくやす（な）	【格安（な）】	〈名・な形〉	0	格外廉价，超低价	格安で売る。
きよい	【清い】	〈い形〉	2	清澈；纯洁；清白	清い水が流れる。
ほぜん（する）	【保全（する）】	〈名・动III〉	0	维护；保护	財産を保全する。

P 110 - 111

ふうこうめいび（な）	【風光明媚（な）】	〈名・な形〉	5	风光明媚	京都で風光明媚な景色が見られる。
がいとう	【街灯】	〈名〉	0	街灯，路灯	
みわける	【見分ける】	〈动II〉	0	识别；辨别；辨认；鉴别	偽物と本物とを見分ける。
さんりん	【山林】	〈名〉	0	山林	
たくちぞうせい	【宅地造成】	〈名〉	4	平整住宅用地	
いちめん	【一面】	〈名〉	0	报纸头版	
ワシントン		〈名〉	2	华盛顿	
ニューヨーク		〈名〉	3	纽约	

P 112 - 113

しょくりょう	【食料・食糧】	〈名〉	2	粮食，食粮	
ぎょうざ	【餃子】	〈名〉	0	饺子	
あじわう	【味わう】	〈动Ⅰ〉	3	品尝，品味；鉴赏	郷土料理を味わう。
たさいな	【多彩な】	〈な形〉	0	丰富多彩，色彩缤纷	多彩な活動をする。
そうざい	【惣菜】	〈名〉	0	家常菜；配菜	
ぎゅうどん	【牛丼】	〈名〉	0	牛肉盖饭	
ほうしょく	【飽食】	〈名〉	0	饱食	
ゆえん		〈名〉	0	理由；原因	
きが	【飢餓】	〈名〉	1	饥饿	
せいめい	【生命】	〈名〉	1	生命，性命	
かんばつ	【干ばつ】	〈名〉	0	旱，干旱	
ふんそう	【紛争】	〈名〉	0	纷争	
じんいてき（な）	【人為的（な）】	〈な形〉	0	人为的	大事故の裏には必ず人為的なミスがあるものだ。

じきゅうりつ	【自給率】	〈名〉	2	自给自足率	
落ち込む	【落ち込む】	〈动Ⅰ〉	3	跌落，下降；陷入；消沉	
ほぼ		〈副〉	1	基本上，大致	事件はほぼ解決した。
ひんもく	【品目】	〈名〉	0	品目，品种	
しゅしょく	【主食】	〈名〉	0	主食	
エネルギー		〈名〉	2	能源，能量；精力，气力	
みっせつな	【密接な】	〈な形〉	0	密切的，关系密切的	心と体は密接に関係している。
こくもつ	【穀物】	〈名〉	2	谷物，粮食	
こむぎ	【小麦】	〈名〉	0	小麦	
じこく	【自国】	〈名〉	0	本国	
かそうすい	【仮想水（バーチャルウォーター）】	〈名〉	2	虚拟水	
まふゆ	【真冬】	〈名〉	0	隆冬，三九天	
しょくたく	【食卓】	〈名〉	0	饭桌，餐桌	

おんしつ	【温室】	〈名〉	0	温室，暖房	
さいばい（する）	【栽培（する）】	〈名·动III〉	0	栽培，种植	農産物を栽培する。
ハウス		〈名〉	1	温室；房屋，住宅	
ろじ	【露地】	〈名〉	1	露天的地面，大地	
かちく	【家畜】	〈名〉	0	家畜，牲口	
グルメ		〈名〉	1	美食家	
にくしょく	【肉食】	〈名〉	0	吃肉，肉食	
すいしげん	【水資源】	〈名〉	3	水资源	
ひへい（する）	【疲弊（する）】	〈名·动III〉	0	凋敝；疲惫	国力が疲弊する。
のうち	【農地】	〈名〉	1	农田，农业用地	
せいたいけい	【生態系】	〈名〉	0	生态环境	
くずれる	【崩れる】	〈动II〉	3	崩塌，瓦解，坍塌	行列が崩れる。
～かねない				很有可能…	
おせん（する）	【汚染（する）】	〈名·动III〉	0	污染	工場廃液が河川を汚染する。
しょくさんぎょう	【食産業】	〈名〉	3	饮食产业	

かんじょう（する）	【勘定（する）】	〈名·动III〉	3	计数，计算	人数を勘定する。
～っこない				不可能…	
ふりかえる	【振り返る】	〈动Ⅰ〉	3	回头（看）；回顾，回首	後ろを振り返る

P 114 - 115

せいし	【生死】	〈名〉	1	生死，死活	
けんにん（する）	【兼任（する）】	〈名·动III〉	0	兼任，兼职	総務部長が宣伝部長を兼任する。
ほうせき	【宝石】	〈名〉	0	宝石	
てばなす	【手放す】	〈动Ⅰ〉	3	出售；转让；舍弃	田畑を手放す。
にどと～ない	【二度と～ない】			再也不…	もう二度と会えないかもしれない。
ちゅうさい（する）	【仲裁（する）】	〈名·动III〉	0	调停，调节，仲裁	紛争を仲裁する。

P 116 - 117

てんじ（する）	【展示（する）】	〈名·动III〉	0	展示，展出，陈列	生徒の絵を展示する。
にゅうしょう（する）	【入賞（する）】	〈名·动III〉	0	获奖，得奖	一等に入賞する。

めざましい		〈い形〉	4	惊人的，非常显著的	上海はめざましい発展をした。
みのがす	【見逃す】	〈动Ⅰ〉	0	放过，放走；错过	せっかくのチャンスを見逃す。
ふけいき	【不景気】	〈名〉	2	不景气，萧条	
よしあし	【良し悪し】	〈名〉	1	善恶，好坏，好歹	
～きる				…完	
きょうきゅう（する）	【供給（する）】	〈名·动Ⅲ〉	0	供给，供应	工場に電力を供給する。
ねつりょう	【熱量】	〈名〉	2	热量	
ベース			1	基本，基础，基准；基地	
いちじてきな	【一時的な】	〈な形〉	0	一时的，暂时的	一時的な措置をとる。

P 118 - 119

とうもろこし		〈名〉	3	玉米
ごうしゅう	【豪州】	〈名〉	1	澳大利亚
ニュージーランド		〈名〉	5	新西兰

いも		〈名〉	2	薯	
～るい	【～類】			…类	
まめ	【豆】	〈名〉	2	豆，豆子	
かじつ	【果実】	〈名〉	1	果实，果子；水果	
ぶたにく	【豚肉】	〈名〉	0	猪肉	
とりにく	【鶏肉】	〈名〉	0	鸡肉	
けいらん	【鶏卵】	〈名〉	0	鸡蛋	
にゅうせいひん	【乳製品】	〈名〉	3	乳制品	
ぎょかい	【魚介】	〈名〉	0	鱼类和贝类	
ゆし	【油脂】	〈名〉	1	油脂，脂肪	
～にみたない	【～に満たない】	〈名〉		不满…，不足…	生徒が300人満たない、小さい学校である。
とくしゅう	【特集】	〈名〉	0	专集，专刊	
しょうてん	【焦点】	〈名〉	1	焦点，中心	
シリーズ		〈名〉	1	系列	

スタジオ		〈名〉	0	工作室，摄影棚，播音室	
とくせい	【特性】	〈名〉	0	特性，特点	
ひょうじ（する）	【表示（する）】	〈名·动III〉	0	表示，显示；表达，表明；标出	賞味期限が表示されている。
かこう（する）	【加工（する）】	〈名·动III〉	0	加工	石を建築材に加工する。
しょうみきげん	【賞味期限】	〈名〉	4	保质期	
スナックがし	【スナック菓子】	〈名〉	5	小点心，零食	
かんづめ	【缶詰】	〈名〉	3	罐头	
ごかん	【五感】	〈名〉	0	五感	
なまめん	【生麺】	〈名〉	2	生面	
ほかん（する）	【保管（する）】	〈名·动III〉	0	保管	貴重品を保管する。
てんけん（する）	【点検（する）】	〈名·动III〉	0	（一个个）检查	設備を点検する。
リストアップ（する）		〈名·动III〉	4	列表	候補者をリストアップする。
て	【手】	〈名〉	1	手；手段，方法	

P 120 - 121

そざい	【素材】	〈名〉	0	素材，原材料	
みそしる	【味噌汁】	〈名〉	3	酱汤，味噌汤	
たくあん	【沢庵】	〈名〉	2	（日式）腌萝卜	
あたためる	【温める】	〈动Ⅱ〉	4	温，热；使温暖	体を温める。
さくもつ	【作物】	〈名〉	2	作物，农作物	
じんるい	【人類】	〈名〉	1	人类	
みをもって	【身をもって】			亲身，亲自	身をもって体験する。
ハマチ		〈名〉	0	鰤鱼的幼鱼	
ひんぴょうかい	【品評会】	〈名〉	3	品评会	
だいち	【大地】	〈名〉	1	大地，陆地	
おおう	【覆う】	〈动Ⅰ〉	0	覆盖，遮盖，遮蔽；掩饰	手で顔を覆う。

P 122 - 123

えど	【江戸】	〈名〉	0	江户（东京旧称）	
じんこうみつど	【人口密度】	〈名〉	5	人口密度	
とくがわばくふ	【徳川幕府】	〈名〉	5	德川幕府	
えどしぐさ	【江戸しぐさ】	〈名〉	3	东京做派（江户时代的特别礼仪）	
すれちがう	【すれ違う】	〈动Ⅰ〉	4	擦肩而过；错过	廊下で先生とすれ違う。
えしゃく（する）	【会釈（する）】	〈名·动Ⅲ〉	1	点头（打招呼）	同僚に軽く会釈して席に着く。
かたひき	【肩引き】	〈名〉		侧身，侧肩	
かたむける	【傾ける】	〈动Ⅱ〉	4	使…倾斜；倾注	首を傾ける。
かさかしげ	【傘傾げ】	〈名〉	0	倾斜伞，把伞斜一下	
しょうげき	【衝撃】	〈名〉	0	冲击，打击	
しずく		〈名〉	3	水滴	
かかる		〈动Ⅰ〉	2	落上，溅到，淋到	ズボンに泥水がかかる。

こぶしこしうかせ	【こぶし腰浮かせ】	〈名〉	0	(每人空出一拳的空间）腾座位	
わたしぶね	【渡し舟】	〈名〉	4	渡船	
つめる		〈动II〉	2	填塞，装入；挨紧，靠紧	本をつめて並べる。
ゆずりあう	【譲り合う】	〈动I〉	4	互让，互相谦让	席を譲り合う。
われさきに	【我先に】	〈副〉	1	争先恐后地	我先に逃げ出す。
ざせき	【座席】	〈名〉	0	座位，位子	
わきまえる		〈动II〉	4	理解，明白，知道	礼儀をわきまえない。
はばをきかす	【幅を利かす】			有势力，有影响力，说话算数	
すりぬける	【すり抜ける】	〈动II〉	4	挤过，穿过（人群）	人込みをすり抜けて家へ急ぐ。
よける	【避ける】	〈动II〉	2	躲避，躲让；防备	水溜りを避ける。
きょうか	【教科】	〈名〉	1	教授科目，课程	
ていっぱい	【手一杯】	〈副〉	2	竭尽全力，尽量；忙得不可开交	注文をこなすだけで手一杯だ。
どうとく	【道徳】	〈名〉	0	道德	

モラル		〈名〉	1	道德；伦理	
ついきゅう（する）	【追求（する）】	〈名·动Ⅲ〉	0	追求，寻求	利益を追求する。
けっかん	【欠陥】	〈名〉	0	缺陷，缺点	
とりかえしがつかない	【取り返しがつかない】			不可弥补，不可挽回	
こうひょう（する）	【公表（する）】	〈名·动Ⅲ〉	0	公布，发表，宣布	真実を公表する。
あいつぐ	【相次ぐ】	〈动Ⅰ〉	1	相继发生，连续不断	事故が相次ぐ。
ほうてきせいび	【法的整備】	〈名〉	5	完善法律	
かんし（する）	【監視（する）】	〈名·动Ⅲ〉	0	监视	国境線を監視する。
たいせい	【体制】	〈名〉	0	体制	
あんい（な）	【安易（な）】	〈名·な形〉	1	容易，轻而易举；安逸，舒适	安易な道を選ぶ。
そういない	【相違ない】			（表推测）一定，肯定	計画は必ず成功するに相違ない。
こうじょう（する）	【向上（する）】	〈名·动Ⅲ〉	0	提高，进步，改善	学力が向上する。
みにつく	【身に付く】			（习惯）养成；（技术等）掌握	早寝早起きが身に付く。

P 124 - 125

ろじょう	【路上】	〈名〉	0	路上	
おもわしい	【思わしい】	〈い形〉	4	令人满意的	成績が思わしくない。
およぶ	【及ぶ】	〈动Ⅰ〉	0	及，匹敌；达到	体力では彼の足元にも及ばない。
～ごうてん	【～号店】	〈名〉		…号店	
しのぶ	【忍ぶ】	〈动Ⅰ〉	2	忍耐，忍受，容忍	恥を忍ぶ。
けんちくか	【建築家】	〈名〉	0	建筑师	
こうにゅう（する）	【購入（する）】	〈名・动Ⅲ〉	0	购买，购置，采购	日用品を購入する。
しんぞう	【心臓】	〈名〉	0	心脏	
いしょく（する）	【移植（する）】	〈名・动Ⅲ〉	0	移植，移种	臓器を移植する。
いまさら		〈副〉	0	事到如今；现在才…	いまさらしかたがない。

P 126 - 127

かっこく	【各国】	〈名〉	1	各国

なげく	【嘆く】	〈动Ⅰ〉	2	感叹，叹惋；悲叹，哀叹	子どもの学力の低下を嘆く。

P 128 - 129

れんたいかん	【連帯感】	〈名〉	3	连带感	
とぼしい	【乏しい】	〈い形〉	3	缺乏，缺少；贫穷，贫困	この文章は説得力が乏しい。
せそう	【世相】	〈名〉	0	世态，世道，世风	
あきかん	【空き缶】	〈名〉	0	空罐头	
ほうち（する）	【放置（する）】	〈名·动Ⅲ〉	1	放置（不理），置之不理	ゴミを放置する。
わりこみ	【割り込み】	〈名〉	0	硬挤进去，插队	
にゅうようじ	【乳幼児】	〈名〉	3	婴幼儿	
にんぷ	【妊婦】	〈名〉	1	孕妇	
くむ	【組む】		1	交叉起来	足を組む。
ゆか	【床】	〈名〉	0	地板	
せんりょう（する）	【占領（する）】	〈名·动Ⅲ〉	0	占据；占领	敵国の首都を占領する。

ヘッドホン		〈名〉	3	耳机	
おともれ	【音漏れ】	〈名〉	3	（耳机）漏音	
せなか	【背中】	〈名〉	0	背，背部	
リュック		〈名〉	1	背包，背囊	
したぎ	【下着】	〈名〉	0	内衣	
ろしゅつ（する）	【露出（する）】	〈名・动III〉	0	露出，外露	肌を露出する。
たんまつ	【端末】	〈名〉	0	终端	
にんじょう	【人情】	〈名〉	1	人情	
おしつける	【押し付ける】	〈动II〉	4	硬推给（塞给）别人；强加于人	犬の世話を押し付けられる。

P 130 - 131

ディーブイディー	【ＤＶＤ】	〈名〉	0	ＤＶＤ	
きんゆう	【金融】	〈名〉	0	金融	
しょうけんがいしゃ	【証券会社】	〈名〉	5	证券公司	
ねあげ（する）	【値上げ（する）】	〈名・动III〉	0	涨价，加价；加薪	家賃を値上げする。

せっち（する）	【設置（する）】	〈名·动III〉	0	安装，设置；设立	消火器を設置する。
りょうしん	【良心】	〈名〉	1	良心	
くじょう	【苦情】	〈名〉	0	抱怨，意见，投诉	
でんしレンジ	【電子レンジ】	〈名〉	4	微波炉	
さんぎょうロボット	【産業ロボット】	〈名〉	5	工业机器人	
じんるいしじょうさいだい	【人類史上最大】	〈名〉	5	人类史上最大	

P 132 - 133

のきをならべる	【軒を並べる】			鳞次栉比	
ポップカルチャー		〈名〉	4	流行文化	
せんたん	【先端】	〈名〉	0	最前沿，最前端；尖，头	
しんぱん	【審判】	〈名〉	0	裁判（员）	
はっする	【発する】	〈动III〉	0	发出（声音等）；发生；发源	悪臭を発する。
わざあり	【技あり】	〈名〉	2	（柔道术语）有技	
いっぽん	【一本】	〈名〉	1	（柔道术语）一本	
うまみ	【うま味】	〈名〉	0	美味；鲜味	
せっけん（する）	【席巻（する）】	〈名·动III〉	0	席卷，征服	世界を席巻する。
はっしん（する）	【発信（する）】	〈名·动III〉	0	发信，发报	電波を発信する。
キーワード		〈名〉	3	关键字（词）	
ひとむかし	【一昔】	〈名〉	3	往昔，昔日，过去	

ケニア		〈名〉	1	肯尼亚	
アフリカ		〈名〉	0	非洲	
グリーンベルトうんどう	【グリーンベルト運動】	〈名〉	8	绿带运动	
そうししゃ	【創始者】	〈名〉	3	创始人，开创者	
ノーベルへいわしょう	【ノーベル平和賞】	〈名〉	7	诺贝尔和平奖	
そまつ（な）	【粗末（な）】	〈名・な形〉	1	浪费，糟蹋	物を粗末にしない。
ふさわしい		〈い形〉	4	合适的，相称的，相符的	あなたにふさわしい仕事が見つかってよかった。
せいしん	【精神】	〈名〉	1	精神	
かんめい（する）	【感銘（する）】	〈名・动III〉	0	铭感，感动	お話にいたく感銘しました。
リデュース		〈名〉	2	节约资源，减少污染	
リユース		〈名〉	2	重复使用，多次利用	
さいせい（する）	【再生（する）】	〈名・动III〉	0	重生；再生，重造（制）	ゴムを再生する。

リサイクル		〈名〉	2	（废品）回收再利用	
リペア		〈名〉	2	修理，恢复	
きょうつう	【共通】	〈名·な形〉	0	共同，共通	両者に共通する。
かずかずの	【数々の】		1	种种，许多	
せいのう	【性能】	〈名〉	0	性能，机能	
まのあたり	【目の当たり】	〈名〉	3	眼前，亲眼	
ケチ（な）		〈名·な形〉	1	吝啬，小气	金持ちほどケチなのだ。
せこい		〈い形〉	2	小气	せこい真似をする。
おきかえる	【置き換える】	〈动Ⅱ〉	4	调换，互换；替换	傍線の箇所をほかの語彙に置き換える。
～かんがある	【～感がある】			有…之感，感觉…	彼の発言は言い過ぎの感がある。
ささえる	【支える】	〈动Ⅱ〉	0	支撑，支持，维持	家計を支える。
ぶんめい	【文明】	〈名〉	0	文明，文化	
だいか	【代価】	〈名〉	1	代价	
にさんかたんそ	【二酸化炭素】	〈名〉	5	二氧化碳	

はいしゅつ（する）	【排出（する）】	〈名・动III〉	0	排出，排放	汚水を排出する。
かんさん（する）	【換算（する）】	〈名・动III〉	0	换算，折合	円をユーロに換算する。
ふうりょく	【風力】	〈名〉	1	风力，风速	
はつでん（する）	【発電（する）】	〈名・动III〉	0	发电	摩擦によって発電する。
レジぶくろ	【レジ袋】	〈名〉	3	购物袋	
バッグ		〈名〉	1	手提包，提箱	
すいとう	【水筒】	〈名〉	0	水壶	
じかようしゃ	【自家用車】	〈名〉	3	自备车，家用汽车	
げきてき（な）	【劇的（な）】	〈な形〉	0	发生急剧变化；戏剧性的	劇的な効果をあらわした。
ひいては		〈副〉	1	进而…；不但…而且；不仅…甚至	アジアの平和ひいては世界の平和に力を尽くしたい。

P 134 - 135

せめて		〈副〉	1	哪怕…（也好）；至少…	せめて声だけでも聞きたい。
ちらかす	【散らかす】	〈动Ⅰ〉	0	（到处）乱扔，乱抛	部屋中におもちゃを散らかす。

ていでん（する）	【停電（する）】	〈名·动III〉	0	停电	架線が切れて停電する。

P 136 - 137

うでがいい	【腕がいい】		2-1	本事（本领、技能）高超	
ケア		〈名〉	1	关怀，照顾	
かいしゅう（する）	【回収（する）】	〈名·动III〉	0	回收；收回	アンケートを回収する。
じゅし	【樹脂】	〈名〉	1	树脂	
スチールかん	【スチール缶】	〈名〉	0	铁罐头	
アルミかん	【アルミ缶】	〈名〉	0	铝罐头	

P 138 - 139

じゅうりょう	【重量】	〈名〉	3	重量，分量	
だんぼう	【暖房】	〈名〉	0	暖气，暖气设备	
せつやく（する）	【節約（する）】	〈名·动III〉	0	节约，节省，节俭	経費を節約する。
かいめん	【海面】	〈名〉	0	海面	

おおげさ（な）		〈名・な形〉	0	夸大，夸张；铺张，小题大做	おおげさに考えることはない。
しょうエネ	【省エネ】	〈名〉	0	节能	
かでん	【家電】	〈名〉	0	家电	
こころがけ	【心がけ】	〈名〉	0	留心，注意；用心，努力；为人	
はいきガス	【排気ガス】	〈名〉	4	废气，尾气	
みみがいたい	【耳が痛い】		2-2	刺耳，不爱听	
うちわけ	【内訳】	〈名〉	0	明细，细目，详细内容	
どうりょく	【動力】	〈名〉	1	动力，原动力	
れいぼう	【冷房】	〈名〉	0	冷气，冷气设备	
ちゅうぼう	【厨房】	〈名〉	0	厨房，伙房	
きゅうとう（する）	【給湯（する）】	〈名・动III〉	0	供给热水	各部屋に給湯する。
おんしつこうかガス	【温室効果ガス】	〈名〉	8	温室效应气体	
きよ（する）	【寄与（する）】	〈名・动III〉	1	贡献，有助于…	医学の発展に寄与する。

きげん	【起源】	〈名〉	1	起源	
うんゆ	【運輸】	〈名〉	1	运输，运送，搬运	
せんぱく	【船舶】	〈名〉	1	船舶	
ざつむ	【雑務】	〈名〉	1	杂务，杂事，琐事	
オフィスビル		〈名〉	4	办公大楼，写字楼	
てんかん（する）	【転換（する）】	〈名·动III〉	0	转换，转变	気分を転換する。

P 140 - 141

スプレー		〈名〉	2	喷雾器	
きり	【霧】	〈名〉	0	雾	
しかい	【視界】	〈名〉	0	视野，眼界	
ながれこむ	【流れ込む】	〈动Ⅰ〉	4	流入，注入	川の水が海に流れ込む。
きんぞく	【金属】	〈名〉	1	金属	
とかす		〈动Ⅰ〉	2	熔化，融化	銅像をとかす。
タンカー		〈名〉	1	油船，油轮	

げんゆ	【原油】	〈名〉	0	原油	
いだいな	【偉大な】	〈な形〉	0	伟大	夏目漱石は偉大な作家である。
ゆうどく（な）	【有毒（な）】	〈名·な形〉	0	有毒	この薬は人体に有毒である。
かわぞこ	【川底】	〈名〉	0	河底	
でんち	【電池】	〈名〉	1	电池	
かみパック	【紙パック】	〈名〉	3	纸包装盒（袋）	
たいおんけい	【体温計】	〈名〉	3	体温计	
かみそり		〈名〉	3	剃刀，剃须刀	
からばこ	【空箱】	〈名〉	0	空箱子	
ほうそうビニール	【包装ビニール】	〈名〉	6	包装塑料（袋）	
から	【殼】	〈名〉	2	外皮，外壳	
しょうきゃく（する）	【焼却（する）】	〈名·动III〉	0	焚烧，烧掉	ごみを焼却する。
はいき（する）	【廃棄（する）】	〈名·动III〉	1	废弃；废除	古い資料を廃棄する。
そだいごみ	【粗大ごみ】	〈名〉	3	（家具家电等）大件垃圾	

P 142 - 143

かつて		〈副〉	1	曾经	かつて見たことがある。
いちおくそうちゅうりゅう	【一億総中流】	〈名〉	7	一亿人口皆中产	
いってん（する）	【一転（する）】	〈名・动III〉	0	一变，一转，突然一变	情勢が一転する。
しさん	【資産】	〈名〉	1	财产，资产	
しょうじる	【生じる】	〈动II〉	0	产生，发生	効力が生じる。
ぶっしつてき（な）	【物質的（な）】	〈な形〉	0	物质上的，物质方面的	物質的に援助する。
がくれき	【学歴】	〈名〉	0	学历	
ひょうめん	【表面】	〈名〉	3	表面	
ひれい（する）	【比例（する）】	〈名・动III〉	0	比例；相称，成比例关系	開発の進展に比例して環境が悪化する。
ゆきとどく	【行き届く】	〈动I〉	4	周到，周密，无微不至	あの旅館は客の扱いが行き届いている。
さほど		〈副〉	0	（后接否定）并非如此	さほどおもしろくもない。

かんしん	【関心】	〈名〉	0	关心，关怀，感兴趣	
がくりょく	【学力】	〈名〉	2	学力，学习能力	
がくしゅうしどうようりょう	【学習指導要領】	〈名〉	8	教学指导纲要	
がくしゅうとうたつどちょうさ	【学習到達度調査】	〈名〉	10	学习完成度调查	
ぎょうせい	【行政】	〈名〉	0	行政	
こうりつ	【公立】	〈名〉	0	公立	
がっきゅうほうかい	【学級崩壊】	〈名〉	5	班级秩序混乱	
ねんとう	【念頭】	〈名〉	0	心头，心上	
すくい	【救い】	〈名〉	0	救助，拯救	
おいてきぼりをくう	【置いてきぼりを食う】		0-1	（被人）撇下，被抛弃不管	
～やく	【～役】			…职务，…角色	
さく	【割く】	〈动Ⅰ〉	1	分出，匀出；撕开；切开	賞金の一部を割いて寄付する。
ひつぜんてきな	【必然的な】	〈な形〉	0	必然的	必然的にこの結論になる。

ゆらぐ	【揺らぐ】	〈动Ⅰ〉	0	动摇；摇晃	業界トップの地位が揺らぐ。
かくりつ（する）	【確立（する）】	〈名・动Ⅲ〉	0	确立，确定	信頼関係を確立する。
ついていく		〈动Ⅰ〉	1	跟上；跟随	授業についていける。
だいがくぜんにゅうじだい	【大学全入時代】	〈名〉	9	普及高等教育时代	
とつにゅう（する）	【突入（する）】	〈名・动Ⅲ〉	0	突入，冲入，闯进	敵陣に突入する。
やくだてる	【役立てる】	〈动Ⅱ〉	4	使…有用，使…有助于…	習った知識を仕事に役立てる。
～にきまっている	【～に決まっている】			肯定，一定	違いはあるに決まっている。
ねづよい	【根強い】	〈い形〉	3	根深蒂固	このような意見が根強く存在する。
こうへい（な）	【公平（な）】	〈名・な形〉	0	公平，公正	公平な目で見る。

P 144 - 145

とうざい	【東西】	〈名〉	1	东西
ガイドライン		〈名〉	4	指导方针
ぼこう	【母校】	〈名〉	1	母校

こんしんかい	【懇親会】	〈名〉	3	联欢会，联谊会	
なみき	【並木】	〈名〉	0	林荫树，街道树	

P 146 - 147

てんさい	【天才】	〈名〉	0	天才	
かてい	【課程】	〈名〉	0	课程	
しんがくりつ	【進学率】	〈名〉	4	升学率	
こうとうきょういくきかん	【高等教育機関】	〈名〉	9	高等教育机构	

P 148 - 149

ピーク		〈名〉	1	最高峰；峰值；山顶	
ポルトガルご	【ポルトガル語】	〈名〉	0	葡萄牙语	
たつ	【経つ】	〈动Ⅰ〉	1	（时间、岁月）过，流逝	日が経つ。
スペインご	【スペイン語】	〈名〉	0	西班牙语	
きんせんめん	【金銭面】	〈名〉	3	金钱方面	

にっちゅう	【日中】	〈名〉	1	中日	
しゅうがく（する）	【就学（する）】	〈名·动III〉	0	就学，进小学	子どもは満6歳で就学する。
ほごしゃ	【保護者】	〈名〉	2	保护人，监护人	
とりまく	【取り巻く】	〈动Ⅰ〉	3	围（住），包围；围绕	敵の城を取り巻く。
にゅうしゅ（する）	【入手（する）】	〈名·动III〉	0	得到，到手，取得	情報を入手する。
ふりがな	【振り仮名】	〈名〉	0	注音假名	
まじえる	【交える】	〈动II〉		夹杂；掺杂；交，交换	日本語と英語を交えて話す。
ぼこく	【母国】	〈名〉	1	祖国	
いじめる		〈动II〉	0	欺负，欺侮	同级生をいじめる。

P 150 - 151

くわえる	【加える】	〈动II〉	0	给予，施加；增加；增大；附加	圧力を加える。
がくない	【学内】	〈名〉	2	大学（学校）内部	
がくし	【学士】	〈名〉	1	学士	

しゅうし	【修士】	〈名〉	1	硕士	
はくし	【博士】	〈名〉	1	博士	
クラブ		〈名〉	1	社团（活动），俱乐部	
コース		〈名〉	1	课程，学科；路线；跑道，泳道等	
いがくぶ	【医学部】	〈名〉	3	医学部，医学系	
こっかしけん	【国家試験】	〈名〉	4	国家考试	
チャレンジ（する）		〈名·动III〉	2	挑战	司法試験にチャレンジする。

P 152 - 153

のっとる	【則る】	〈动Ⅰ〉	3	效法；遵照；根据	先例にのっとる。
きょうじゅ（する）	【享受（する）】	〈名·动Ⅲ〉	1	享受，享有	自由を享受する。
ととのう		〈动Ⅰ〉	3	齐备，完备；整齐，完整	準備がととのう。
ドライブ（する）		〈名〉	2	（开车）兜风	半島をドライブする。
ねったいうりん	【熱帯雨林】	〈名〉	5	热带雨林	
しゅうがくねんれい	【就学年齢】	〈名〉	5	就学（上学）年龄，	
かこく（な）	【過酷（な）】	〈名·な形〉	0	严酷，苛刻；残酷	過酷な労働をする。
しいる	【強いる】	〈动Ⅱ〉	2	强迫，强使	大国が隣国に譲歩を強いる。
ものがたり	【物語】	〈名〉	3	故事，传说	
しこうひん	【嗜好品】	〈名〉	0	嗜好品	
げんさんち	【原産地】	〈名〉	3	原产地	
げんりょう	【原料】	〈名〉	3	原料	

ばいばい（する）	【売買（する）】	〈名〉	1	买卖，交易	株を売買する。
しいれる	【仕入れる】	〈动Ⅱ〉	3	购入；采购	商品を仕入れる。
せんゆう（する）	【占有（する）】	〈名・动Ⅲ〉	0	占有；据为己有	土地を占有する。
かいけつさく	【解決策】	〈名〉	3	解决办法	
フェアトレード		〈名〉	4	公平贸易	
こうせい（な）	【公正（な）】	〈名・な形〉	0	公平，公正，公允	公正な判決を下す。
てきせい（な）	【適正（な）】	〈名・な形〉	0	适当，恰当，合理	適正な処理が必要である。
はかる	【図る】	〈动Ⅰ〉	2	谋求，图谋，企图，策划	教育の充実を図る。
じぞく（する）	【持続（する）】	〈名・动Ⅲ〉	0	持续，维持；坚持	効果が持続する。
ひ～	【非～】			非…	
りゃく	【略】	〈名〉	2	省略	
たずさわる	【携わる】	〈动Ⅰ〉	4	参与，参加；从事	教育に携わる。
じんけん	【人権】	〈名〉	0	人权	
なきどころ	【泣き所】	〈名〉	0	弱点，痛处	

いとぐち	【糸口】	〈名〉	2	头绪，线索，端绪	
せいふかいはつえんじょ	【政府開発援助】	〈名〉	1-5	政府开发援助	
にこくかんえんじょ	【二国間援助】	〈名〉	6	两国间援助	
きんり	【金利】	〈名〉	0	利息，利率	
かしつけ	【貸付】	〈名〉	0	贷款	
ダム		〈名〉	1	水坝，水库	
すいしん（する）	【推進（する）】	〈名·动III〉	0	推进，推动	緑化を推進する。
サトウキビ		〈名〉	2	甘蔗	
かんきん（する）	【換金（する）】	〈名〉	0	变卖，换钱，兑现	株を換金する。
ほんまつてんとう	【本末転倒】	〈名〉	1	本末倒置，主次颠倒	
はなはだしい		〈い形〉	5	很，非常，甚	赤インクで手紙を書くとは非常識もはなはだしい。

P 154 - 155

うんよう（する）	【運用（する）】	〈名·动III〉	0	运用，活用	資金を運用する。

びょうしょう	【病床】	〈名〉	0	病床，病榻	
ちゅうかんかんりしょく	【中間管理職】	〈名〉	7	中层管理人员	
へいてん（する）	【閉店（する）】	〈名·动III〉	0	关门，打烊；歇业，倒闭	平日は八時に閉店する。
へいかい（する）	【閉会（する）】	〈名·动III〉	0	闭会；闭幕	本会議を閉会する。

P 156 - 157

きゃくせき	【客席】	〈名〉	0	观众席；客人座席	
リクエスト（する）		〈名·动III〉	3	要求，希望；点播	ピアノ曲をリクエストする。
ないかく	【内閣】	〈名〉	1	内阁	
ぶんえん	【分煙】	〈名〉	0	区分无烟区与吸烟区	
ちゅうなんべい	【中南米】	〈名〉	3	中南美	
たいようしゅう	【大洋州】	〈名〉	3	大洋洲	
おうしゅう	【欧州】	〈名〉	1	欧洲	
またがる		〈动Ⅰ〉	3	横跨，跨越，横亘	トルコはヨーロッパとアジアにまたがっている。

P 158 - 159

イラク		〈名〉	1	伊拉克	
さいむ	【債務】	〈名〉	1	债务	
インドネシア		〈名〉	4	印度尼西亚	
ゆうよ（する）	【猶予（する）】	〈名·动III〉	1	延期，延缓；犹豫	借金の返済を猶予してもらう。
へんさい（する）	【返済（する）】	〈名·动III〉	0	偿还；还债	住宅ローンを返済する。
ストップ（する）		〈名·动III〉	2	停止，终止；停下	雪で電車がストップする。
ゆうしょう	【有償】	〈名〉	0	有偿	
いつになく		〈副〉	1	一反常态，和平时不一样	彼はいつになく早起きした。
いっかん	【一環】	〈名〉	0	一环，（重要）部分	
のうりんすいさん	【農林水産】	〈名〉	0	农林水产	
こくみんそうしょとく	【国民総所得】	〈名〉	7	国民总收入	
るいけい（する）	【累計（する）】	〈名·动III〉	0	累计，计算总数	経費を累計する。

しゅっし（する）	【出資（する）】	〈名·动III〉	0	出资，投资	友人の会社に出資する。
きょしゅつ（する）	【拠出（する）】	〈名·动III〉	0	凑钱，筹款	見舞金を拠出する。

P 160 - 161

せいけん	【政権】	〈名〉	0	政权	
ろうにゃくなんにょ	【老若男女】	〈名〉	5	男女老少	
むさべつ（な）	【無差別（な）】	〈名·な形〉	2	不加区别；无动机（犯罪）	無差別に人を傷つける。
テロ		〈名〉	1	恐怖行动，恐怖主义	
ふかけつ（な）	【不可欠（な）】	〈名·な形〉	2	不可缺少的	語学学習では、単語の暗記は不可欠だ。
へいき	【兵器】	〈名〉	1	兵器，武器	
かわせ	【為替】	〈名〉	0	汇兑，汇款	
さんゆこく	【産油国】	〈名〉	3	产油国	

P 162 - 163

ボジョレー・ヌーボー		〈名〉	5	博若莱新酒（法国产红酒）	
かいきん（する）	【解禁（する）】	〈名・动III〉	0	解除禁令	お酒を飲むことを解禁する。
しゅようこく	【主要国】	〈名〉	3	主要的国家	
じさ	【時差】	〈名〉	1	时差	
いちはやく	【いち早く】	〈副〉	3	迅速地，立刻	彼はいち早くそれを利用した。
とうけい	【東経】	〈名〉	0	东经	
せいけい	【西経】	〈名〉	0	西经	
ひづけへんこうせん	【日付変更線】	〈名〉	0	国际日期变更线	
しんしゅ	【新酒】	〈名〉	0	新酒	
あんか（な）	【安価（な）】	〈名・な形〉	1	廉价，便宜	安価に仕入れる。
せいつう（する）	【精通（する）】	〈名・动III〉	0	精通	彼は日本文学に精通している。
はやりもの	【流行物】	〈名〉	0	时髦的东西	
とらえる	【捉える】	〈动II〉	3	认识，掌握	文章の意味を正しく捉える。

ひょうじゅんじ	【標準時】	〈名〉	3	标准时	
きてん	【基点】	〈名〉	0	基点	
しごせん	【子午線】	〈名〉	2	子午线	
てんもんだい	【天文台】	〈名〉	0	天文台	
けいど	【経度】	〈名〉	1	经度	
せんてい（する）	【選定（する）】	〈名·动III〉	0	选定	教科書を選定する。
かいず	【海図】	〈名〉	0	海洋地图	
かいうん	【海運】	〈名〉	0	海运，航运	
しゅどうけん	【主導権】	〈名〉	2	主导权，领导权	
メートルほう	【メートル法】	〈名〉	0	（国际单位）米公制	
よる	【寄る】	〈动I〉	0	偏，靠	西に寄る。
とういつ（する）	【統一（する）】	〈名·动III〉	0	统一	思想を統一する。
〜あたり	【〜当たり】		1	每…	
わりきれる	【割り切れる】	〈动II〉	4	整除	6は2で割り切れる。

きりがいい	【切りがいい】		4	不带零头；告一段落	
ちゅうとはんぱ（な）	【中途半端（な）】	〈名・な形〉	4	不成整数；半途而废	それは中途半端な態度だ。
ハイテク		〈名〉	0	高科技	
そくりょう（する）	【測量（する）】	〈名・动III〉	0	测量	山の高さを測量する。
こくどちりいん	【国土地理院】	〈名〉	5	国土地理院	
じんこうえいせい	【人工衛星】	〈名〉	5	人造卫星	
ずれる		〈动II〉	2	偏离	もとの位置からずれている。
ひょうしき	【標識】	〈名〉	0	标识，标志	
こんわく（する）	【困惑（する）】	〈名・动III〉	0	困惑，不知所措	先行きがはっきりせず困惑する。

P 164 - 165

ぞくぞく	【続々】	〈副〉	0	陆续，不断	注文が続々来る。
そう	【層】	〈名〉	1	层次	
くべつ（する）	【区別（する）】	〈名・动III〉	1	区别，辨别	成績によって区別する。

みちのえき	【道の駅】	〈名〉	3	道路休息站	
リフレッシュ（する）		〈名·动III〉	3	恢复精神，重新振作	気分をリフレッシュしよう。
みらのり	【道のり】	〈名〉	0	路程，距离	

P 166 - 167

きたはんきゅう	【北半球】	〈名〉	3	北半球
みなみはんきゅう	【南半球】	〈名〉	4	南半球
ひので	【日の出】	〈名〉	0	日出
ひのいり	【日の入り】	〈名〉	0	日落
いど	【緯度】	〈名〉	1	纬度
ばいすう	【倍数】	〈名〉	3	倍数

P 168 - 169

ふさ	【房】	〈名〉	2	一串
いなさく	【稲作】	〈名〉	0	种稻子

けいしゃ（する）	【傾斜（する）】	〈名・动III〉	0	倾斜	後方へ傾斜する。
かじゅ	【果樹】	〈名〉	1	果树	
みずはけ	【水はけ】	〈名〉	0	排水	
じょうりゅう	【上流】	〈名〉	0	上游	
ちひょう	【地表】	〈名〉	0	地表	
すいでん	【水田】	〈名〉	0	稻田，水田	
かりゅう	【下流】	〈名〉	0	下游	
ふくりゅうすい	【伏流水】	〈名〉	3	底流水	
わきみず	【湧き水】	〈名〉	0	涌出的水，泉水	
せいしつ	【性質】	〈名〉	0	性质	

P 170 - 171

ちけい	【地形】	〈名〉	0	地形	
なりたち	【成り立ち】	〈名〉	0	构成，成分	
つらなる	【連なる】	〈动 I 〉	3	连绵，毗连	山脈が東西に連なる。

ちかすい	【地下水】	〈名〉	2	地下水	
みおろす	【見下ろす】	〈动Ⅰ〉	0	俯视，向下看	丘から町が見下ろせる。
かみなり	【雷】	〈名〉	3	雷	
じめじめ（する）		〈副·动Ⅲ〉	1	潮湿，湿润	服がじめじめしている。
たいへいよう	【太平洋】	〈名〉	3	太平洋	
ゆそう（する）	【輸送（する）】	〈名·动Ⅲ〉	0	运送	食糧を輸送する。
せきたん	【石炭】	〈名〉	3	煤	
らくのう	【酪農】	〈名〉	0	乳畜业	
のうじょう	【農場】	〈名〉	0	农场	
せいさんせい	【生産性】	〈名〉	0	生产率	
てんぼう（する）	【展望（する）】	〈名·动Ⅲ〉	0	展望，瞭望	山頂から展望する。

P 172 - 173

パラサイト・シングル		〈名〉	6	寄生单身族，啃老族	
こうざい	【功罪】	〈名〉	0	功罪	
こくせい	【国勢】	〈名〉	0	国势，国家总情况	
ぜんぱん	【全般】	〈名〉	0	全部，普遍	
まかせる	【任せる】	〈动II〉	3	委托，交给	わたしに任せてください。
～っぱなし				置之不理	本を置きっぱなしにする。
しょくひ	【食費】	〈名〉	0	伙食费	
ひんぱんな	【頻繁な】	〈な形〉	0	频繁	頻繁に起こる。
すいじゅん	【水準】	〈名〉	0	水平，水准	
そうおう（な）	【相応（な）】	〈名·な形〉	0	相称，适合	身分相応な暮らしをしている。
かせぐ	【稼ぐ】	〈动I〉	2	赚钱	学費を稼ぐ。

このましい	【好ましい】	〈い形〉	4	可喜的，令人满意的	好ましい印象を与える。
すくなからず	【少なからず】	〈副〉	4	很多，不少	同じ例が少なからず発見された。
みつな	【密な】	〈な形〉	1	紧密，亲密	関係を密にする。
そえんな	【疎遠な】	〈な形〉	0	疏远	二人の仲はだんだん疎遠になった。
りょうしゃ	【両者】	〈名〉	1	两者，双方	
ひかえる	【控える】	〈动Ⅱ〉	3	暂不；控制	外出を控える。
～げん	【～減】	〈名〉		…减少	
しゅうろう（する）	【就労（する）】	〈名・动Ⅲ〉	0	工作，就业	八時に就労する。
いっち（する）	【一致（する）】	〈名・动Ⅲ〉	0	一致，符合	意見が一致する。
わずか（な）		〈名・な形〉	1	仅，少，一点点	わずかな時間も惜しんで働く。
みつげつ	【蜜月】	〈名〉	0	新婚蜜月	
カット（する）		〈名・动Ⅲ〉	1	去除，削减	プログラムの一部をカットする。
しご	【死語】	〈名〉	1	废词（已不使用的词汇）	
へんよう（する）	【変容（する）】	〈名・动Ⅲ〉	0	变样，改观	故郷はすっかり変容した。

P 174 - 175

ローマじ	【ローマ字】	〈名〉	3	罗马字，拉丁字母	
うちわ		〈名〉	2	团扇	
みかた	【味方】	〈名〉	0	我方，朋友	
いっか	【一家】	〈名〉	1	一家，全家	
だいこくばしら	【大黒柱】	〈名〉	5	顶梁柱	
よわき（な）	【弱気（な）】	〈名·な形〉	0	软弱，胆怯	弱気になる。
こうむいん	【公務員】	〈名〉	3	公务员	

P 176 - 177

やきつく	【焼きつく】	〈动Ⅰ〉	3	留下深刻的印象	心に焼きついて離れない。
おに	【鬼】	〈名〉	2	鬼，魔鬼	
こういん	【光陰】	〈名〉	0	光阴	
や	【矢】	〈名〉	1	箭	

かくげん	【格言】	〈名〉	0	格言	
あわせもつ	【併せ持つ】	〈动Ⅰ〉	4	兼有，兼具	父は厳しさと優しさを併せ持っている。
ひはんてきな	【批判的な】	〈な形〉	0	批判性的	批判的な態度を取る。
じゃくねん	【若年】	〈名〉	0	青年，少年	

P 178 - 179

そうねん	【壮年】	〈名〉	0	壮年	
あてはまる		〈动Ⅰ〉	4	适用，适合	この例によくあてはまる問題だ。
おむかえ	【お迎え】	〈名〉	0	接孩子	
ノーざんぎょうデー	【ノー残業デー】	〈名〉	7	无加班日	
こうたい（する）	【交代（する）】	〈名·动Ⅲ〉	0	轮换，轮流	昼夜交代で働く。
ぶんたん（する）	【分担（する）】	〈名·动Ⅲ〉	0	分担	費用を分担する。

P 180 - 181

しんるい	【親類】	〈名〉	0	亲属，亲戚	

こしょう	【呼称】	〈名〉	0	名称，叫做	
おっと	【夫】	〈名〉	0	丈夫	
たにん	【他人】	〈名〉	0	别人，外人	
リモコン		〈名〉	0	遥控器	
よめ	【嫁】	〈名〉	0	妻子，媳妇	
いつまでも		〈副〉	1	永远，始终	いつまでもお友だちでいましょう。
きずく	【築く】	〈动Ⅰ〉	2	构筑，修建	友好関係を築く。
ちょうなん	【長男】	〈名〉	1	长子	
じなん	【次男】	〈名〉	1	次子	
やくしょ	【役所】	〈名〉	3	政府机关，衙门	
きろく（する）	【記録（する）】	〈名・动Ⅲ〉	0	记载，记录	事件の経過を記録しておく。
みうち	【身内】	〈名〉	0	亲属	
せんたくし	【選択肢】	〈名〉	3	选项	

ようし	【容姿】	〈名〉	1	容貌；长相	
タイミング		〈名〉	0	时机	
もちいる	【用いる】	〈动Ⅱ〉	3	使用	アルコールは消毒に用いられる。

P 182 - 183

そうむしょう	【総務省】	〈名〉	3	总务省	
およそ		〈副〉	0	大概，大约	およそ100人ばかり集まった。
へいよう（する）	【併用（する）】	〈名·动III〉	0	并用，同时使用	二つの治療法を併用する。
あっとうてきな	【圧倒的な】	〈な形〉	0	压倒性的，绝对性的	圧倒的な勝利をおさめる。
けんさくエンジン	【検索エンジン】	〈名〉	5	搜索引擎	
にゅうりょく（する）	【入力（する）】	〈名·动III〉	0	输入	キーワードを入力する。
しょぞうぶつ	【所蔵物】	〈名〉	2	收藏品	
かんしょう（する）	【鑑賞（する）】	〈名·动III〉	0	鉴赏，欣赏	クラシック音楽を鑑賞する。
データベース		〈名〉	4	数据库	
じゅしん（する）	【受信（する）】	〈名·动III〉	0	接收，接听	たくさんの情報を受信する。
いっぽうてきな	【一方的な】	〈な形〉	0	单方面的，片面的	条約を一方的に破棄する。
どくさい（する）	【独裁（する）】	〈名·动III〉	0	独裁	一国を独裁する。
せんじちゅう	【戦時中】	〈名〉	0	战时（特指二战）	

そうしん（する）	【送信（する）】	〈名·动Ⅲ〉	0	发送	Eメールを送信する。
どくせん（する）	【独占（する）】	〈名·动Ⅲ〉	0	垄断	A社が市場を独占する。
みんしゅう	【民衆】	〈名〉	0	民众，大众	
ひきおこす	【引き起こす】	〈动Ⅰ〉	4	引起	戦争を引き起こす。
とかく		〈副〉	0	动辄，总是	人はとかく自分の欠点には気づかないものだ。
あやまる	【誤る】	〈动Ⅰ〉	3	弄错	答えを誤った。
ゆうえきな	【有益な】	〈な形〉	0	有益，有好处	この映画は子どもたちに有益だ。
しんぴょうせい	【信憑性】	〈名〉	0	可靠性，可信度	
みとどける	【見とどける】	〈动Ⅱ〉	0	看到，看清	全員非難したのを見とどける。
クリティカル・シンキング		〈名〉	2	批判性思维	
しこう（する）	【思考（する）】	〈名·动Ⅲ〉	0	思考	人は言葉で思考する。
リテラシー		〈名〉	2	文化，读写能力	
もたらす		〈动Ⅰ〉	3	带来，招致	人々に幸福をもたらす。
かくしん（する）	【確信（する）】	〈名·动Ⅲ〉	0	坚信，确信	わたしは彼の成功を確信している。

けつじょ（する）	【欠如（する）】	〈名・动III〉	1	缺乏，缺少	責任感が欠如している。
ほんしつ	【本質】	〈名〉	0	本质	
みきわめる	【見極める】	〈动II〉	4	看清，看透	結果を見極める。
しんに	【真に】	〈副〉	1	真正	真に優れた人格だ。

P 184 - 185

はか	【墓】	〈名〉	2	坟墓	
らくがき（する）	【落書き（する）】	〈名・动III〉	0	乱画，涂鸦	教科書に落書きがしてある。
ふきんしんな	【不謹慎な】	〈な形〉	2	不严肃，轻率	こんな場で飲食するのは不謹慎だ。
むせきにんな	【無責任な】	〈な形〉	2	不负责任	無責任なことを言う。
きがみじかい	【気が短い】		5	性急	
しんぱいしょうな	【心配性な】	〈な形〉	0	爱操心	彼女はちょっと心配性だ。
みだしなみ	【身だしなみ】	〈名〉	0	注意仪容，修边幅	
てにおえない	【手に負えない】		1	无法处理，解决不了	

さいあい	【最愛】	〈名〉	0	最爱，最心爱	
ほねおり	【骨折り】	〈名〉	0	尽力，帮忙	
アマチュア		〈名〉	0	业余爱好者	

P 186 - 187

いきごむ	【意気込む】	〈动Ⅰ〉	3	振奋，干劲十足	彼はその仕事に意気込んで取りかかった。
えつらん（する）	【閲覧（する）】	〈名·动Ⅲ〉	0	阅览	資料を閲覧する。
メールマガジン		〈名〉	4	电子杂志	
おんせい	【音声】	〈名〉	1	声音	
ゲームソフト		〈名〉	4	游戏软件	
ちょうしゅ（する）	【聴取（する）】	〈名·动Ⅲ〉	1	收听；听取	ラジオを聴取する。
デジタルコンテンツ		〈名〉	7	数码化的音像作品	
クイズ		〈名〉	1	猜谜，智力竞赛	
けんしょう	【懸賞】	〈名〉	0	悬赏	
ネットバンキング		〈名〉	4	网上银行	

コミュニティ		〈名〉	2	社区，共同体	
エスエヌエス	【SNS】	〈名〉	5	社交网站	
しんこく（する）	【申告（する）】	〈名・动III〉	0	申报	所得を申告する。
とどけで	【届出】	〈名〉	0	登记，报告	
ざいたく	【在宅】	〈名〉	0	在家	
テレワーク		〈名〉	3	远程工作	
ソーホー	【SOHO】	〈名〉	1	在家办公，家居办公	
イーラーニング	【e-ラーニング】	〈名〉	3	网上学习，在线学习	

P 188 - 189

そうぐう（する）	【遭遇（する）】	〈名・动III〉	0	遭遇	どんな苦難に遭遇しても泣かない。
フィルタリング		〈名〉	0	过滤	
ひそむ	【潜む】	〈动I〉	2	隐藏，潜伏	じっと物陰に潜む。
じょうげん	【上限】	〈名〉	0	上限	

いきわたる	【行き渡る】	〈动Ⅰ〉	4	普及，普遍	注意が行き渡る。
ししゅんき	【思春期】	〈名〉	2	青春期	
おこさま	【お子様】	〈名〉	0	您的孩子	
ひぼうちゅうしょう	【誹謗中傷】	〈名〉	4	诽谤中伤	
ふとくていたすう	【不特定多数】	〈名〉	7	随机大量	
ぜんめん	【全面】	〈名〉	0	全面，全部	
おやごさん	【親御さん】	〈名〉	0	各位父母	
こうみょうな	【巧妙な】	〈な形〉	0	巧妙	巧妙な策略をねる。
みぜん	【未然】	〈名〉	0	未然	
こうきしん	【好奇心】	〈名〉	3	好奇心	

P 190 - 191

オフライン		〈名〉	3	离线	
プリンター		〈名〉	0	打印机	
じゅくち（する）	【熟知（する）】	〈名·动Ⅲ〉	1	熟悉	彼のことなら熟知している。

ふせい（な）	【不正（な）】	〈名・な形〉	0	不正当，非法	不正な行為だ。
あくい	【悪意】	〈名〉	1	恶意	
にっか	【日課】	〈名〉	0	惯例	
せいしきな	【正式な】	〈な形〉	0	正式的	正式に結婚する。
かきんせい	【課金制】	〈名〉	0	付费制	
オンライン		〈名〉	3	在线	
ろうえい（する）	【漏洩（する）】	〈名・动III〉	0	泄漏	秘密が漏洩した。
きしゅ	【機種】	〈名〉	1	机型	
つかいこなす	【使いこなす】	〈动Ⅰ〉	5	运用自如，熟练掌握	日本語を完全に使いこなす。
～かん	【～巻】			…卷	
てざわり	【手触り】	〈名〉	2	手感	
ダイレクトメール		〈名〉	6	信件广告	
めいぼ	【名簿】	〈名〉	0	名册，名单	

P 192 - 193

ゆうに	【優に】	〈副〉	1	足够，足有	100キロは優に超えている。
りきし	【力士】	〈名〉	1	相扑选手，大力士	
えんけい	【円形】	〈名〉	0	圆形	
どひょう	【土俵】	〈名〉	0	相扑的场地	
まぢか	【間近】	〈名〉	0	眼前，临近	卒業が間近に迫った。
きょうぎ（する）	【競技（する）】	〈名・动III〉	1	比赛	真剣に競技する。
ふしぜんな	【不自然な】	〈な形〉	2	不自然的，做作的	不自然な笑い方をする。
ふんどし		〈名〉	0	兜裆布	
ひまん（する）	【肥満（する）】	〈名・动III〉	0	肥胖	運動不足で肥満する。
たいしぼう	【体脂肪】	〈名〉	3	体内脂肪	
かごん	【過言】	〈名〉	0	夸大，夸张	
シンプルな		〈な形〉	1	简单，朴素	シンプルな考え方だ。
ちからくらべ	【力比べ】	〈名〉	4	比力气	

とりくみ	【取組】	〈名〉	0	较量	
ちゅうけい（する）	【中継（する）】	〈名・动III〉	0	转播	実況を中継する。
このむ	【好む】	〈动Ⅰ〉	2	爱好，喜欢	幼いころから学問を好んだ。
しじりつ	【支持率】	〈名〉	2	支持率	
こくぎ	【国技】	〈名〉	1	国术	
～なれない	【～慣れない】			…不惯	
そうそう～ない				并不…	
さいこ	【最古】	〈名〉	1	最早，最古老	
つづる		〈动Ⅰ〉	0	写，作	思い出を文につづる。
しんわ	【神話】	〈名〉	0	神话	
とうじょう（する）	【登場（する）】	〈名・动III〉	0	登场，出现	新製品が登場する。
いのちがけ	【命がけ】	〈名〉	0	拼命	
しんじ	【神事】	〈名〉	1	祭神仪式	
うらなう	【占う】	〈动Ⅰ〉	3	占卜，算命	将来を占う。
ならじだい	【奈良時代】	〈名〉	3	奈良时代	

へいあんじだい	【平安時代】	〈名〉	5	平安时代	
てんのう	【天皇】	〈名〉	3	天皇	
きゅうちゅう	【宮中】	〈名〉	1	宫中，皇宫	
エンターテイメント		〈名〉	5	娱乐	
せんごくじだい	【戦国時代】	〈名〉	5	战国时代	
ぶじゅつ	【武術】	〈名〉	1	武术	
ぶしょう	【武将】	〈名〉	0	武将	
じしゃ	【寺社】	〈名〉	1	寺院和神社	
こんりゅう（する）	【建立（する）】	〈名・动III〉	0	修建（寺庙）	寺院を建立する。
たいしゅう	【大衆】	〈名〉	0	大众，群众	
こうぎょう（する）	【興行（する）】	〈名・动III〉	0	演出，公演	その芝居は30日間興行された。
たわら	【俵】	〈名〉	3	稻草包	
おおずもう	【大相撲】	〈名〉	3	专业力士相扑比赛	
げんけい	【原型】	〈名〉	0	原型	
～めく				像…的样子；带来…的气息	春めいてきた。

さんぴりょうろん	【賛否両論】	〈名〉	1	赞成和反对两种意见	
へや	【部屋】	〈名〉	2	（相扑的）部屋；门	
れいぎ	【礼儀】	〈名〉	3	礼节，礼貌	
かくしき	【格式】	〈名〉	0	规矩，地位	
おもんじる	【重んじる】	〈动II〉	4	重视，尊重	各国それぞれの習慣を重んじる。
いみあい	【意味合い】	〈名〉	0	意义，含义	
いみづけ	【意味づけ】	〈名〉	0	赋予意义	
みりょう（する）	【魅了（する）】	〈名·动III〉	0	使入迷	読者を魅了する。
けいしょう（する）	【継承（する）】	〈名·动III〉	0	继承	王位を継承する。

P 194 - 195

しょうはい	【勝敗】	〈名〉	0	胜败	
だいみょうぎょうれつ	【大名行列】	〈名〉	5	诸侯携仪仗出行的行列	
さいげん（する）	【再現（する）】	〈名·动III〉	0	再现	今の取組をビデオで再現する。

だいじん	【大臣】	〈名〉	1	大臣；部长	
つくす	【尽くす】	〈动Ⅰ〉	2	达到极点	贅沢を尽くす。
けんめい（な）	【懸命（な）】	〈名·な形〉	0	拼命，竭尽全力	懸命に働く。
はげむ	【励む】	〈动Ⅰ〉	2	努力，刻苦	仕事に励む。
つうこん	【痛恨】	〈名〉	0	痛心，悔恨	
はくりょく	【迫力】	〈名〉	2	动人的力量，扣人心弦	
せまる	【迫る】	〈动Ⅰ〉	2	迫近，逼近	心に迫る。
めをみはる	【目を見張る】		1	瞠目结舌	
あいま	【合間】	〈名〉	0	之间；间歇	
おまいり（する）	【お参り（する）】	〈名·动Ⅲ〉	0	参拜神佛	寺にお参りする。
		P 196 - 197			
えいぎょうまん	【営業マン】	〈名〉	3	销售人员	
いちじ	【一児】	〈名〉	2	一个孩子	

いやしくも		〈副〉	2	既然，如果	いやしくも口にしたからには最後までやりぬけ。
いち～	【一～】			一个…；一家…	
きょかん	【巨漢】	〈名〉	0	彪形大汉	
きんべんな	【勤勉な】	〈な形〉	0	勤勉的，勤奋的	勤勉に働く。
はんえい	【繁栄】	〈名〉	0	繁荣，昌盛	

P 198 - 199

おれせんグラフ	【折れ線グラフ】	〈名〉	5	折线图表
だいざい	【題材】	〈名〉	0	题材
ぜんあく	【善悪】	〈名〉	1	善恶，好坏
にきょくこうぞう	【二極構造】	〈名〉	0	两极分化格局
スポット		〈名〉	2	聚光灯；点
こうせい	【構成】	〈名〉	0	构成
かんぜんちょうあく	【勧善懲悪】	〈名〉	5	劝善惩恶

すいり（する）	【推理（する）】	〈名·动III〉	1	推理	犯人を推理する。
げんが	【原画】	〈名〉	0	原画	
グッズ		〈名〉	1	商品；用品	
コレクター		〈名〉	2	收藏家	
のめりこむ		〈动I〉	4	陷入，迷上	悪の道にのめりこむ。
しょせつ	【諸説】	〈名〉	1	各种意见，说法	
いちがいに	【一概に】	〈副〉	0	一概，笼统地	一概には言えない。
しゅうえき	【収益】	〈名〉	0	收益	
よこばい	【横ばい】	〈名〉	0	停滞，平稳	

P 200 - 201

ていれ（する）	【手入れ（する）】	〈名·动III〉	3	修整，修剪	庭を手入れする。
おもむき	【趣】	〈名〉	0	雅趣；韵味	
ギャンブル		〈名〉	1	赌博	
ねっきょう（する）	【熱狂（する）】	〈名·动III〉	0	狂热	みんなが試合に熱狂した。

せんばづる	【千羽鶴】	〈名〉	4	千纸鹤	
きょうげん	【狂言】	〈名〉	3	狂言（日本古典戏剧）	
きげき	【喜劇】	〈名〉	1	笑剧，喜剧	
しびれる		〈动II〉	3	麻木，发麻	足がしびれる。
せいじんしき	【成人式】	〈名〉	3	成人仪式	
とこのま	【床の間】	〈名〉	0	壁龛	
ぬの	【布】	〈名〉	0	布	
みしらぬ	【見知らぬ】	〈连〉	0	未见过的，不认识的	見知らぬ人に声をかけられる。
おきょうをあげる	【お経を上げる】		0	念经	
はつもうで	【初詣】	〈名〉	3	新年后首次参拜	
はねつき	【羽根突き】	〈名〉	2	打羽毛毽	
せんぞ	【先祖】	〈名〉	1	祖先，祖宗	
たましい	【魂】	〈名〉	1	灵魂	

はかまいり（する）	【墓参り（する）】	〈名·动III〉	3	扫墓	お墓に墓参りする。
としこしそば	【年越しそば】	〈名〉	5	除夕吃的荞麦面	
きかくしょ	【企画書】	〈名〉	0	企划书	

P 202 - 203

さっこん	【昨今】	〈名〉	1	近来，最近	
たらいまわし		〈名〉	4	推卸责任	
にんさんぷ	【妊産婦】	〈名〉	3	孕产妇	
ひんぱつ（する）	【頻発（する）】	〈名・动III〉	0	频发	盗難が頻発する。
～い	【～医】			…医生	
きまりもんく	【きまり文句】	〈名〉	4	口头禅，老一套的话	
さんか	【産科】	〈名〉	0	产科	
わかて	【若手】	〈名〉	0	年轻能干的人	
こうせいろうどうしょう	【厚生労働省】	〈名〉	7	厚生劳动省	
そうたいてきな	【相対的な】	〈な形〉	0	相对的	時間と空間とは相対的なものだ。
こうど（な）	【高度（な）】	〈名・な形〉	1	高度的	高度な技術が要る。
ようきゅう（する）	【要求（する）】	〈名・动III〉	0	要求，需要	記録の提出を要求する。

たよう（な）	【多様（な）】	〈名·な形〉	0	多种多样	多様な生き方をする。
やかん	【夜間】	〈名〉	1	夜间	
しょうに	【小児】	〈名〉	1	幼儿，儿童	
けいしょう	【軽症】	〈名〉	0	小病	
がいらい	【外来】	〈名〉	0	急诊	
はくしゃ	【拍車】	〈名〉	0	马刺	
たき	【多岐】	〈名〉	1	多方面，复杂	
フルタイム		〈名〉	3	全职	
パートタイマー		〈名〉	4	计时工	
せいじつ（な）	【誠実（な）】	〈名·な形〉	0	诚实，真诚	質問に対して誠実に答える。
おもんずる	【重んずる】	〈动III〉	4	重视，尊重	責任を重んずる。
きをぬく	【気を抜く】		0	休息；松懈	
こと	【事】	〈名〉	2	意外，变故	
ひなん（する）	【非難（する）】	〈名·动III〉	1	责备，责难	政府の政策を非難する。
へんざい（する）	【偏在（する）】	〈名·动III〉	0	不均匀	人口が都市に偏在している。

まねく	【招く】	〈动Ⅰ〉	2	招致	不足を招く。
いちいん	【一因】	〈名〉	0	一个原因	
りんしょう	【臨床】	〈名〉	0	临床	
いきょく	【医局】	〈名〉	0	诊疗部门	
はけん（する）	【派遣（する）】	〈名・动Ⅲ〉	0	派遣，派出	大使を派遣する。
そしょう（する）	【訴訟（する）】	〈名・动Ⅲ〉	0	诉讼	土地問題で訴訟する。
げきむ	【激務】	〈名〉	1	繁重的工作	
ないか	【内科】	〈名〉	0	内科	
げか	【外科】	〈名〉	0	外科	
しんこく（な）	【深刻（な）】	〈名・な形〉	0	严重	生活難が深刻になってきた。
オーイーシーディー	【OECD】	〈名〉	7	经济合作与发展组织	
れきぜん	【歴然】	〈名〉	0	明显	
ていせつ	【定説】	〈名〉	0	定论	
さっきゅうな	【早急な】	〈な形〉	0	紧急，火速	早急な措置をとる。

～をあげて	【～を挙げて】			举…	国を挙げて取り組む。
ぜったいすう	【絶対数】	〈名〉	3	绝对数量	
ふみきる	【踏み切る】	〈动Ⅰ〉	3	下决心	出資に踏み切る。
～あぐねる				…烦，…腻	医師の到着を待ちあぐねた。

P 204 - 205

はなればなれ	【離れ離れ】	〈名〉	4	分散，离散
いっしゅん	【一瞬】	〈名〉	0	一刹那
めをはなす	【目を離す】		1-2	放松注意
はらがたつ	【腹が立つ】		2-1	生气

P 206 - 207

きりだす	【切り出す】	〈动Ⅰ〉	3	开口说话，说出	話を切り出す。
おそまき	【遅まき】	〈名〉	0	已过时机，下手太晚	
いくた	【幾多】	〈副〉	1	许多	幾多の課題を抱える。

ひにょうきか	【泌尿器科】	〈名〉	0	泌尿科	
せいけいげか	【整形外科】	〈名〉	5	整形外科	

P 208 - 209

こきゅう	【呼吸】	〈名〉	0	呼吸	
エーイーディー	【AED】	〈名〉	5	自动体外心脏去颤器	
しんぱい	【心肺】	〈名〉	0	心肺	
てあて	【手当て】	〈名〉	1	医疗，治疗	
きき	【機器】	〈名〉	1	器械	
こうしゅう（する）	【講習（する）】	〈名〉	0	讲习，学习	文学を講習する。
ハート		〈名〉	0	心形	
ステッカー		〈名〉	2	标签	
いったい		〈副〉	0	到底，究竟	いったいどこへ行ったのだろう。
きゅうめい	【救命】	〈名〉	0	救生	
そうち（する）	【装置（する）】	〈名〉	1	装置，安装	設備を装置する。

まひ（する）	【麻痺（する）】	〈名・动III〉	1	麻痹	指先の感覚が麻痺する。
ショック		〈名〉	6	刺激	
せいじょう（な）	【正常（な）】	〈名・な形〉	0	正常	正常に行動する。
じんうこきゅう	【人工呼吸】	〈名〉	5	人工呼吸	
しんぞうマッサージ	【心臓マッサージ】	〈名〉	7	心脏按摩	
ひゃくじゅうきゅうばん	【119番】	〈名〉	5	急救、火警电话	
でんげん	【電源】	〈名〉	0	电源	
はだける		〈动II〉	3	敞开	胸をはだける。
でんきょくパッド	【電極パッド】	〈名〉	5	电极片	
かいせき（する）	【解析（する）】	〈名・动III〉	0	分析	データを解析する。
ふれる	【触れる】	〈动II〉	0	接触，碰	手で品物に触れる。
とおざける	【遠ざける】	〈动II〉	4	支开，使远离	人を遠ざけて密談する。
レース		〈名〉	1	赛跑	
いちめい	【一命】	〈名〉	0	一条命	

とりとめる	【取り留める】	〈动Ⅱ〉	4	保住	一命を取り留めた。
しょち（する）	【処置（する）】	〈名・动Ⅲ〉	1	处置，处理	適切に処置する。
せいぞんりつ	【生存率】	〈名〉	3	存活率	
とにかく		〈副〉	1	不管怎样，总之	とにかく昼まで待ってみよう。
いあわせる	【居合わせる】	〈动Ⅱ〉	4	正好在场	ちょうどその席に居合わせた。
きゅうきゅうたい	【救急隊】	〈名〉	3	急救队	
ひきつぐ	【引き継ぐ】	〈动Ⅰ〉	3	交接，转交	仕事を引き継ぐ。

P 210 - 211

とりざた（する）		〈名・动Ⅲ〉	0	议论，讨论	あれこれとりざたする。
ひょうし	【拍子】	〈名〉	3	瞬间	
いっしんいったい（する）	【一進一退（する）】	〈名〉	3	忽好忽坏，一进一退	病状は一進一退する。
よだん（する）	【予断（する）】	〈名・动Ⅲ〉	0	预先判断；预测	最後まで予断を許さない。
おい		〈感〉	1	喂	
ゆうぼうし（する）	【有望視（する）】	〈名・动Ⅲ〉	0	看好	あの新人は有望視されている。

もと～	【元～】		1	原…，前…	
げいのうかい	【芸能界】	〈名〉	3	文艺界	
ゴール（する）		〈名·动III〉	1	（到达）终点	選手たちはゴールした。
どこもかしこも		〈副〉	1-1	到处	春になると、どこもかしこも花でいっぱいだ。
こくち（する）	【告知（する）】	〈名·动III〉	0	告知，通知	納税期限を告知する。
ふちょう（な）	【不調（な）】	〈名·な形〉	0	不舒服，失败	胃腸が不調だ。
たびたび	【度々】	〈副〉	0	屡次，再三	今年は度々地震があった。
やせる	【痩せる】	〈动II〉	0	瘦	病気してから、だいぶ痩せた。
エックスせん	【X線】	〈名〉	0	X光	

P 212 - 213

さぎ	【詐欺】	〈名〉	1	欺诈，诈骗	
ふりこむ	【振り込む】	〈动Ⅰ〉	3	存入；转账	お金を銀行に振り込む。
だます	【騙す】	〈动Ⅰ〉	2	骗，欺骗	彼に騙された。
けいさつちょう	【警察庁】	〈名〉	4	警察厅，公安部	
かくう	【架空】	〈名〉	0	虚构	
かんぷきん	【還付金】	〈名〉	0	还付款	
そうしょう	【総称】	〈名〉	0	总称	
ターゲット		〈名〉	1	目标	
なりすます		〈动Ⅰ〉	4	冒充	味方になりすまして敵を騙す。
じだん	【示談】	〈名〉	0	调停，和解	
きゅうち	【窮地】	〈名〉	1	困境，窘境	
よそおう	【装う】	〈动Ⅰ〉	3	假装，伪装	貧乏を装う。
けいこく（する）	【警告（する）】	〈名・动Ⅲ〉	0	警告	立て札で警告する。

してい（する）	【指定（する）】	〈名·动III〉	0	指定	金曜日を会合の日に指定する。
げんきん	【現金】	〈名〉	3	现金	
プリペイド		〈名〉	6	充值，预付	
こうしゅうでんわ	【公衆電話】	〈名〉	5	公用电话	
めいぎ	【名義】	〈名〉	1	名义	
てぐち	【手口】	〈名〉	1	手法	
しれわたる	【知れわたる】	〈动I〉	4	传遍，普遍知道	うわさが町中に知れわたる。
けいさい（する）	【掲載（する）】	〈名·动III〉	0	刊登	雑誌に論文を掲載する。
しはん（する）	【市販（する）】	〈名·动III〉	0	市场出售	一般商品として市販される。
ごうほうてきな	【合法的な】	〈な形〉	0	合法的	それは合法的な手段ではない。
だましとる	【騙し取る】	〈动I〉	4	骗取	お金を騙し取る。
けんい	【権威】	〈名〉	1	权威，威信	
めんみつな	【綿密な】	〈な形〉	0	绵密，周密	綿密に捜査する。
シナリオ		〈名〉	0	剧本	
シチュエーション		〈名〉	3	情况，局面	

えんしゅつ（する）	【演出（する）】	〈名・动III〉	0	导演	劇を演出する。
しゅほう	【手法】	〈名〉	0	手法	
なのる	【名乗る】	〈动Ⅰ〉	2	自称；冒称	警察の者だと名乗って騙す。
どうよう（する）	【動揺（する）】	〈名・动III〉	0	动摇，不安	心が動揺する。
れいせい（な）	【冷静（な）】	〈名・な形〉	0	冷静	冷静にものごとを考える。
じつざい（する）	【実在（する）】	〈名・动III〉	0	实际存在	この小説のモデルは実在している。
しらべあげる	【調べ上げる】	〈动Ⅱ〉	0	彻底调查	当日の行動を調べ上げる。
うらをとる	【裏を取る】		2-1	对证查实	
はんこう	【犯行】	〈名〉	0	罪行，犯罪	
てんそう（する）	【転送（する）】	〈名・动III〉	0	转送，转寄	先生からのメールを彼女に転送する。
あたかも		〈副〉	1	恰似，宛如	あたかも春のようだ。
はせい（する）	【派生（する）】	〈名・动III〉	0	派生	新しい問題が派生する。
てきはつ（する）	【摘発（する）】	〈名・动III〉	0	揭发，揭露	不正取引を摘発する。
ぼくめつ（する）	【撲滅（する）】	〈名・动III〉	0	消灭；取缔	がんを撲滅する。

キャンペーン		〈名〉	3	宣传活动	
いっそう	【一層】	〈副〉	0	越发，更	風が一層ひどくなった。
エーティーエム	【ATM】	〈名〉	5	自动取款机	
けいかい（する）	【警戒（する）】	〈名·动III〉	0	警惕，防范	彼には警戒すべきだ。
みもと	【身元】	〈名〉	0	身份	
いたちごっこ		〈名〉	4	捏手背玩；没完没了	
ようそう	【様相】	〈名〉	0	局势；状态	
ていする	【呈する】	〈动III〉	3	呈现出	複雑な様相を呈する。
しゅうち（する）	【周知（する）】	〈名·动III〉	1	众所周知	これは周知の事実だ。
しはい（する）	【支配（する）】	〈名·动III〉	1	支配，左右	一時の感情に支配されてはいけない。
むかしながら	【昔ながら】	〈副〉	4	照旧，一如既往	昔ながらの方法でやっている。
ぼうし（する）	【防止（する）】	〈名·动III〉	0	防止	騒音を防止する。
～かん	【～間】			…间	
かたる		〈动Ⅰ〉	0	冒充	身内をかたる。

はたらく	【働く】	〈动Ⅰ〉	0	干（坏事）	詐欺を働く。
けっそく（する）	【結束（する）】	〈名·动III〉	0	团结	全員結束して事にあたる。
たいこう（する）	【対抗（する）】	〈名·动III〉	0	对抗	外国企業に対抗する。

P 214 - 215

ひとめ	【人目】	〈名〉	0	世人的眼光，众目	
しかえし（する）	【仕返し（する）】	〈名·动III〉	0	报复，报仇	必ず仕返しする。

P 216 - 217

たてふだ	【立て札】	〈名〉	2	广告牌，布告牌	
くろふね	【黒船】	〈名〉	0	黑船（尤指外国大型船只）	
らいこう（する）	【来航（する）】	〈名·动III〉	0	来航（外国船只到来）	黒船が来航する。
かたる	【語る】	〈动Ⅰ〉	0	谈，讲	体験を語る。
かく	【欠く】	〈动Ⅰ〉	0	缺少	常識を欠く。
にんち（する）	【認知（する）】	〈名·动III〉	1	确认；认识	目標を認知する。

ゆうし（する）	【融資（する）】	〈名·动III〉	1	融资	銀行から融資してもらう。
じんいん	【人員】	〈名〉	0	人员	
めいもく	【名目】	〈名〉	0	名义，名目	
おうりょう（する）	【横領（する）】	〈名·动III〉	0	侵占，侵吞	現金を横領する。
ほてん（する）	【補てん（する）】	〈名·动III〉	0	补偿	赤字を補てんする。

P 218 - 219

すいそく（する）	【推測（する）】	〈名·动III〉	0	推测	原因を推測する。
けいほう	【刑法】	〈名〉	1	刑法	
ざいめい	【罪名】	〈名〉	0	罪名	
せっとう	【窃盗】	〈名〉	0	盗窃	
すり		〈名〉	1	扒窃；扒手	
ひったくり		〈名〉	0	抢劫	
きぶつはそん	【器物破損】	〈名〉	1	器物破坏	
～とう	【～盗】			盗窃…	

しゃじょうねらい	【車上狙い】	〈名〉	4	盗窃车内物品	
ぼうこう	【暴行】	〈名〉	0	暴行	
しょうがい	【傷害】	〈名〉	0	伤害，加害	
かしつちし	【過失致死】	〈名〉	4	过失致死	
あきす	【空き巣】	〈名〉	0	空宅	
オートバイ		〈名〉	3	摩托车	
ハンドバッグ		〈名〉	4	手提包	
かご		〈名〉	0	筐	
ぼうはん	【防犯】	〈名〉	0	防止犯罪	
はくしょ	【白書】	〈名〉	1	白皮书	
つうほう（する）	【通報（する）】	〈名·动III〉	0	通报，通知	火事を通報する。
うなぎのぼり		〈名〉	4	直线上升	
きわだつ	【際立つ】	〈动I〉	3	显著，显眼	際立って成績がよい。
いちもくりょうぜんな	【一目瞭然な】	〈な形〉	2	一目了然	結果がどうなるかは一目瞭然だ。

ぐんをぬく	【群を抜く】		1	拔群	
ついで	【次いで】	〈副〉	0	接着，其次	電話の普及率では日本はアメリカに次いで世界第2位である。
がいとう	【街頭】	〈名〉	0	街头	
たいがい		〈名〉	0	多半，大致	
そうこう	【走行】	〈名〉	0	行车；行驶	
せおう	【背負う】	〈动Ⅰ〉	2	背；担负	赤ん坊を背負う。
たすきがけ	【たすき掛け】	〈名〉	0	斜着背	
そのみち	【その道】	〈名〉	0	那一行，那方面	
しょゆう（する）	【所有（する）】	〈名・动Ⅲ〉	0	拥有	土地を所有する。
ネット		〈名〉	1	网	
カバー		〈名〉	1	覆盖物，套子	
ハンドル		〈名〉	0	车把手；方向盘	
まきつける	【巻きつける】	〈动Ⅱ〉	4	缠绕	なわで巻きつける。

P 220 - 221

しょはん	【初犯】	〈名〉	0	初犯	
さいはん	【再犯】	〈名〉	0	再犯，重犯	
そく	【即】	〈副〉	1	立即	準備ができたら即出発だ。
にぎる	【握る】	〈动Ⅰ〉	0	掌握，抓住	秘密を握る。
ばらす		〈动Ⅰ〉	2	揭穿，泄露	秘密をばらす。
つれさり	【連れ去り】	〈名〉	3	将小孩拐骗带走	
かす	【科す】	〈动Ⅰ〉	1	判处（刑罚）	罰金を科す。
ふくする	【服する】	〈动Ⅲ〉	3	服从	罪に服する。
きょうじゅつ（する）	【供述（する）】	〈名·动Ⅲ〉	0	供述，口述	犯行を供述する。
のばす	【延ばす】	〈动Ⅰ〉	2	延长，延缓	期限を延ばす。
うろつく		〈动Ⅰ〉	0	闲荡，打转转	怪しい男が家の前をうろついている。
ランナー		〈名〉	1	赛跑的人	

えんどう	【沿道】	〈名〉	0	沿途	
しゅつどう（する）	【出動（する）】	〈名·动III〉	0	出动	警察隊が出動する。
あくじ	【悪事】	〈名〉	1	坏事，恶行	
おきびき	【置き引き】	〈名〉	0	顺手牵羊	

P 222 - 223

もうしご	【申し子】	〈名〉	3	产物	
なんびょう	【難病】	〈名〉	0	难治之症，疑难病症	
りせいてきな	【理性的な】	〈な形〉	0	理性的	理性的な行動を取る。
たいせいよう	【大西洋】	〈名〉	3	大西洋	
ジャンボジェットき	【ジャンボジェット機】	〈名〉	6	大型喷气式飞机	
しゅうこう（する）	【就航（する）】	〈名·动III〉	0	出航，就航	国際線に就航する。
ヒューマノイド		〈名〉	4	人形机器人	
とうてい	【到底】	〈副〉	0	怎么也	到底間に合わない。
にそくほこう	【二足歩行】	〈名〉	3	双脚行走	
じんかく	【人格】	〈名〉	0	人格	
いちいん	【一員】	〈名〉	0	一员，一分子	

きょうせい（する）	【共生（する）】	〈名·动III〉	0	共生；一起生活	人間と共生する。
ぎじ	【疑似】	〈名〉	1	模拟	
おいつく	【追いつく】	〈动Ⅰ〉	3	来得及	いまさら反省しても追いつかない。
はくする	【博する】	〈动III〉	3	博得；获得	好評を博する。
じりつ	【自律】	〈名〉	0	自律	
～よく	【～欲】			…欲	
よっきゅう	【欲求】	〈名〉	0	欲望，希求	
いかり	【怒り】	〈名〉	3	愤怒	
けいせい（する）	【形成（する）】	〈名·动III〉	0	行成	人格を形成する。
ゆいいつ	【唯一】	〈名〉	1	唯一	
あし	【脚】	〈名〉	2	腿	
こうご	【交互】	〈名〉	1	互相；交替	
じくあし	【軸足】	〈名〉	0	支撑体重的一条腿	
じゅうしん	【重心】	〈名〉	0	重心	

にんい	【任意】	〈名〉	1	任意；随便	
ほにゅうるい	【哺乳類】	〈名〉	2	哺乳类	
たいらな	【平らな】	〈な形〉	0	平，平坦	道を平らにする。
なめらかな	【滑らかな】	〈な形〉	2	光滑；流畅	磨いて滑らかにする。
のぼりくだり	【上り下り】	〈名〉	0	上下坡	
じそく	【時速】	〈名〉	0	时速	
せんとう	【先頭】	〈名〉	0	最前列	
ひつぜん	【必然】	〈名〉	0	必然	
じゅよう	【需要】	〈名〉	0	需要	
せいさんライン	【生産ライン】	〈名〉	5	生产线	
ほしゅ（する）	【保守（する）】	〈名・动III〉	1	保养	機械を保守する。
じつようてきな	【実用的な】	〈な形〉	0	实用的	まことに実用的だ。
ちのう	【知能】	〈名〉	1	智能	
パーツ		〈名〉	1	零件	

きゅうじょ（する）	【救助（する）】	〈名・动III〉	1	抢救	人命を救助する。
むじょうけん	【無条件】	〈名〉	2	无条件	
かく（ぎじゅつ）	【核（技術）】	〈名・动III〉	3	核（技术）	
せんじょう	【戦場】	〈名〉	0	战场	

P 224 - 225

ピラミッド		〈名〉	3	金字塔	
じゅうろうどう	【重労働】	〈名〉	3	重体力劳动	
そうとう（な）	【相当（な）】	〈名・な形〉	0	相当的	相当な勇気が要る。
かたな	【刀】	〈名〉	3	刀	
ふうみ	【風味】	〈名〉	1	风味，味道	
けいりょう	【軽量】	〈名〉	0	分量轻	
せんきょ（する）	【占拠（する）】	〈名・动III〉	1	占据，占领	建物を占拠する。
だげき（する）	【打撃（する）】	〈名・动III〉	0	打击	敵に打撃を与える。
ただいな	【多大な】	〈な形〉	0	极大，巨大	多大な被害を及ぼす。

かんぷう	【寒風】	〈名〉	0	寒风	
ひょいと		〈副〉	1	轻轻地，随便	荷物をひょいと持ち上げる。
もちあげる	【持ち上げる】	〈动II〉	0	举起	荷物を持ち上げる。
りきそう（する）	【力走（する）】	〈名·动III〉	0	尽全力跑	ゴール近くで懸命に力走する。
とうしゅ	【投手】	〈名〉	1	投手	

P 226 - 227

のりもの	【乗り物】	〈名〉	0	交通工具	
おうよう（する）	【応用（する）】	〈名·动III〉	0	应用，运用	理論を実践に応用する。
とっきょ	【特許】	〈名〉	1	专利	
しゅつがん（する）	【出願（する）】	〈名·动III〉	0	申请	特許を出願する。
シェア		〈名〉	1	份额，市场占有率	
とくしゅ（な）	【特殊（な）】	〈名·な形〉	0	特殊，特别	これは特殊な場合だ。
ぐんじ	【軍事】	〈名〉	1	军事	
かどう（する）	【稼動（する）】	〈名·动III〉	0	开动，运转	発電機を稼動させる。

P 228 - 229

るいせき（する）	【累積（する）】	〈名・动III〉	0	积累，积压	赤字が累積する。
のうりんぎょう	【農林業】	〈名〉	3	农林业	
どぼく	【土木】	〈名〉	1	土木工程	
はんそう（する）	【搬送（する）】	〈名・动III〉	0	搬送，搬运	コンテナを搬送する。
せいそう（する）	【清掃（する）】	〈名・动III〉	0	清扫	部屋を清掃する。
ホーム		〈名〉	1	家	
こもり	【子守】	〈名〉	2	看孩子	
さす	【指す】	〈动I〉	1	下、走（象棋）	将棋を指す。
チャンピオン		〈名〉	1	冠军	
ありかた	【あり方】	〈名〉	3	应有的状态	
こうせいのう（な）	【高性能（な）】	〈名・な形〉	3	高性能	高性能な火薬だ。
て	【手】	〈名〉	1	（棋牌的一）着	
チェス		〈名〉	1	国际象棋	

しょうぶ（する）	【勝負（する）】	〈名・动III〉	1	争胜负，比赛	勝負をつける。
このみ	【好み】	〈名〉	1	喜好	
にんしょう（する）	【認証（する）】	〈名・动III〉	0	认证，证明	国務大臣の就任を認証する。
ふうけい	【風景】	〈名〉	1	风景，景色	
わりと		〈副〉	0	比较	わりと楽に試験を通った。
おせじ	【お世辞】	〈名〉	0	恭维话，奉承话	
こうおつ（つけがたい）	【甲乙（つけ難い）】		1-4	（难分）优劣	

P 230 - 231

ねんぴ	【燃費】	〈名〉	0	燃油消耗率	
シーオーツー	【CO_2】	〈名〉	5	二氧化碳	
きょくめん	【局面】	〈名〉	0	局面	
エンジン		〈名〉	1	发动机，引擎	
うちあげる	【打ち上げる】	〈动II〉	4	发射	人工衛星を打ち上げる。
もろてをあげる	【諸手をあげる】		0	举双手	

さんどう（する）	【賛同（する）】	〈名·动Ⅲ〉	0	赞同	趣旨に賛同する。
プレーヤー		〈名〉	2	（音乐）播放器	
ふつごう（な）	【不都合（な）】	〈名·な形〉	2	不方便	その時間は彼女には不都合だ。
みつかる	【見つかる】	〈动Ⅰ〉	0	能找到	新しい道が見つかる。

P 232 - 233

へんかく（する）	【変革（する）】	〈名・动III〉	0	变革，改变	教育制度を変革する。
めいじいしん	【明治維新】	〈名〉	4	明治维新	
せいおう	【西欧】	〈名〉	0	西欧	
しそう	【思想】	〈名〉	0	思想	
とりいれる	【取り入れる】	〈动II〉	4	引进，导入	外国の文化を取り入れる。
ぶんめいかいか	【文明開化】	〈名〉	5	文明开化	
がくげい	【学芸】	〈名〉	0	文艺，学问和艺术	
そうさく（する）	【創作（する）】	〈名・动III〉	0	创造，创作	芸術品を創作する。
しか	【詩歌】	〈名〉	1	诗歌	
とりたてる	【取り立てる】	〈动II〉	4	特别提出，提及	取り立てて言う必要はない。
げんぶんいっち	【言文一致】	〈名〉	0	言文一致	
ぶんたい	【文体】	〈名〉	0	文体，风格	
ぶんご	【文語】	〈名〉	0	文言	

こうごたい	【口語体】	〈名〉	0	口语体	
しゃじつしゅぎ	【写実主義】	〈名〉	4	写实主义	
ロマンしゅぎ	【ロマン主義】	〈名〉	4	浪漫主义	
ありのまま			0	据实；实事求是	
しぜんしゅぎ	【自然主義】	〈名〉	4	自然主义	
せいよう	【西洋】	〈名〉	1	西洋	
くのう	【苦悩】	〈名〉	0	烦恼	
わがはい	【吾輩】	〈名〉	0	我，吾	
してん	【視点】	〈名〉	0	视点	
ころす	【殺す】	〈动Ⅰ〉	0	扼杀；牺牲	せっかくの才能を殺してしまう。
すうはい（する）	【崇拝（する）】	〈名·动Ⅲ〉	0	崇拜	英雄として崇拝される。
たいしょうじだい	【大正時代】	〈名〉	5	大正时代	
びんかんな	【敏感な】	〈な形〉	0	敏感	暑さに対して敏感である。
みんしゅしゅぎ	【民主主義】	〈名〉	4	民主主义	
ファシズム		〈名〉	2	法西斯主义	

たいとう（する）	【台頭（する）】	〈名・动III〉	0	抬头	新興勢力が台頭する。
ぐんこくしゅぎ	【軍国主義】	〈名〉	5	军国主义	
だんあつ（する）	【弾圧（する）】	〈名・动III〉	0	镇压	反政府運動を弾圧する。
かにこうせん	【蟹工船】	〈名〉	0	蟹工船	
こくし（する）	【酷使（する）】	〈名・动III〉	1	任意驱使；残酷使用	肉体を酷使する。
しょき	【初期】	〈名〉	1	初期	
はいせん（する）	【敗戦（する）】	〈名・动III〉	0	战败	作戦ミスで敗戦した。
こうふく（な）	【幸福（な）】	〈名・な形〉	0	幸福	幸福に暮らす。
こりつ（する）	【孤立（する）】	〈名・动III〉	0	孤立	仲間から孤立する。
び	【美】	〈名〉	1	美	
たんきゅう（する）	【探求（する）】	〈名・动III〉	0	探求，寻求	原因を探求する。
ノーベルぶんがくしょう	【ノーベル文学賞】	〈名〉	8	诺贝尔文学奖	
じえいたい	【自衛隊】	〈名〉	0	自卫队	
ちゅうとんち	【駐屯地】	〈名〉	0	驻扎地	

かっぷくじさつ	【割腹自殺】	〈名〉	5	切腹自杀	
ゆうりょくな	【有力な】	〈な形〉	0	有力的	彼は有力な候補者だ。
こうほ	【候補】	〈名〉	1	候选人；候补	
いんゆ	【隠喩】	〈名〉	0	隐喻	
ていひょう	【定評】	〈名〉	0	公认	
へいいな	【平易な】	〈な形〉	0	浅显；通俗易懂	平易に説明する。
したしむ	【親しむ】	〈动Ⅰ〉	3	亲近，接近	友と親しむ。
なんかいな	【難解な】	〈な形〉	0	费解，难懂	難解な文章だ。
どくとく	【独特】	〈名〉	0	独特	
ベストセラー		〈名〉	4	畅销书	
たよう（する）	【多用（する）】	〈名·动Ⅲ〉	0	经常使用	修辞を多用する。
しんきんかん	【親近感】	〈名〉	3	亲近感	
ふへんてきな	【普遍的な】	〈な形〉	0	普遍的	普遍的に存在する。
こうせい	【後世】	〈名〉	1	后世，将来	
うけつぐ	【受け継ぐ】	〈动Ⅰ〉	0	继承	財産を受け継ぐ。

ぶんごう	【文豪】	〈名〉	0	文豪	

P 234 - 235

ゆうぐれ	【夕暮れ】	〈名〉	0	黄昏，傍晚	
ぼんやり		〈副〉	3	发呆，无所事事	ぼんやりと窓の外を眺める。
みおぼえ	【見覚え】	〈名〉	0	仿佛见过，眼熟	
まねる		〈动II〉	0	模仿	人の作品をまねる。
コメディ		〈名〉	1	喜剧	
はっぽうしゅ	【発泡酒】	〈名〉	3	发泡酒	
～すぎ	【～過ぎ】			…过后	
やまみち	【山道】	〈名〉	2	山路	
たどりつく	【たどり着く】	〈动I〉	4	好不容易走到	ようやく頂上にたどり着く。
えきでん	【駅伝】	〈名〉	0	接力长跑	
ものすごい		〈い形〉	4	惊人的，不得了	ものすごく寒い。
カーレース		〈名〉	3	赛车比赛	

だいせっせん	【大接戦】	〈名〉	3	胜负难分的激烈较量	

P 236 - 237

こうえい（な）	【光栄（な）】	〈名・な形〉	0	光荣的	光栄の至りです。
りんせき（する）	【臨席（する）】	〈名・动III〉	0	出席	卒業式に父母も臨席する。
たまわる	【賜る】	〈动Ⅰ〉	3	承蒙赏赐	なにかとご教示を賜りありがとうございます。
かんがん	【汗顔】	〈名〉	0	汗颜	
わるぎ	【悪気】	〈名〉	0	恶意	
わかげ	【若気】	〈名〉	0	血气方刚	
けんぞうぶつ	【建造物】	〈名〉	3	建筑	
きょうしゅく（する）	【恐縮（する）】	〈名・动III〉	0	不好意思，惭愧	おほめの言葉をいただき、恐縮しております。
こうひょう（な）	【好評（な）】	〈名・な形〉	0	好评	学生に好評である。
ないめん	【内面】	〈名〉	0	内心，精神方面	
くうそう	【空想】	〈名〉	0	幻想；假想	

ロマンチックな		〈な形〉	4	浪漫的	ロマンチックな考えに耽る。

P 238 - 239

りゅうつう（する）	【流通（する）】	〈名·动III〉	0	流通	貨幣が流通する。
どうれつ	【同列】	〈名〉	0	同列，同排	
えんきん	【遠近】	〈名〉	0	远近	
ぎほう	【技法】	〈名〉	0	技术，技巧	
ルネサンス		〈名〉	2	文艺复兴	
～げ				…的样子	
いってんとうしがほう	【一点透視画法】	〈名〉	8	一点透视画法	
とびら	【扉】	〈名〉	0	门	
おくゆき	【奥行き】	〈名〉	0	进深，纵深	
ちょくせん	【直線】	〈名〉	0	直线	
こうず	【構図】	〈名〉	0	构图	
かさなりあう	【重なり合う】	〈动I〉	5	互相重叠	半分ずつ重なり合っている。

へきが	【壁画】	〈名〉	0	壁画	
いちれつ	【一列】	〈名〉	2	一列，一排	
すいへいせん	【水平線】	〈名〉	0	水平线；地平线	
てまえ	【手前】	〈名〉	0	跟前，自己面前	
てんけい	【典型】	〈名〉	0	典型	
ななめ	【斜め】	〈名〉	2	歪，斜	
はしら	【柱】	〈名〉	3	柱子	
まがりかど	【曲がり角】	〈名〉	4	街角，拐角	
～み				味道；样子；状态；程度	
～がかる				带有…	
ぼやける		〈动Ⅱ〉	3	模糊，不清楚	ものがぼやけて見える。
ちっとも		〈副〉	3	一点也（不）	ちっとも知らない。

P 240 - 241

まるで		〈副〉	0	就像；简直	まるで夢のようだ。

くっきり		〈副〉	3	鲜明，显眼	青空に山がくっきり見える。
がくもん	【学問】	〈名〉	2	学问，学识	
しんしょ	【新書】	〈名〉	0	新出版的书	
きご	【季語】	〈名〉	1	表示季节的词，季语	
しゅたい	【主体】	〈名〉	0	主体，核心	
ふくしゅう（する）	【復讐（する）】	〈名·动III〉	0	报仇	敵に復讐する。
よみかえす	【読み返す】	〈动Ⅰ〉	3	重新读；反复读	何度も読み返す。
ぎこう	【技巧】	〈名〉	0	技巧	
ラップ		〈名〉	0	说唱	
かし	【歌詞】	〈名〉	1	歌词	
ふむ	【踏む】	〈动Ⅰ〉	0	押（韵）	韻を踏む。
わざと		〈副〉	1	故意地	わざととぼける。
さみだれ	【五月雨】	〈名〉	0	梅雨	
はやし	【早し】	形	1	快；早	

かき	【柿】	〈名〉	0	柿子	
くう	【食う】	〈动Ⅰ〉	1	吃	飯を食う。
かね	【鐘】	〈名〉	0	钟	
あいそ（う）	【愛想】	〈名〉	3	亲切，和蔼	
かんこう（する）	【刊行（する）】	〈名・动Ⅲ〉	0	出版，发行	辞書を刊行する。
くしゅう	【句集】	〈名〉	0	俳句集	
じょうけい	【情景】	〈名〉	0	情景，光景	
しんじょう	【心情】	〈名〉	0	心情	
よむ	【詠む】	〈动Ⅰ〉	1	作诗；吟咏	短歌を詠む。

P 242 - 243

しけい	【死刑】	〈名〉	2	死刑	
くるしめる	【苦しめる】	〈动II〉	4	折磨，欺负	人を苦しめる。
はんけつ	【判決】	〈名〉	0	判决	
くだる	【下る】	〈动I〉	0	宣判	判決が下る。
ざんにんな	【残忍な】	〈な形〉	0	残忍的	残忍なやり方だ。
かく		〈副〉	1	如此，这样	かく言う。
ほう	【法】	〈名〉	0	法律	
てきよう（する）	【適用（する）】	〈名·动III〉	0	适用	法を適用する。
さんしんせい	【三審制】	〈名〉	0	三审终审制	
ひこくにん	【被告人】	〈名〉	0	被告人	
けんさつかん	【検察官】	〈名〉	4	检察官	
ふふく	【不服】	〈名〉	0	异议，抗议	
もうしたてる	【申し立てる】	〈动II〉	5	申诉，提出	不服を申し立てる。

かくてい（する）	【確定（する）】	〈名·动III〉	0	确定	方針はすでに確定している。
ようけん	【要件】	〈名〉	3	必要条件	
さいしん（する）	【再審（する）】	〈名·动III〉	0	复审	再審を請求する。
しっこう（する）	【執行（する）】	〈名·动III〉	0	执行	判決どおりの刑を執行する。
ほうむしょう	【法務省】	〈名〉	3	法务省	
しょめい（する）	【署名（する）】	〈名·动III〉	0	签名，署名	契約書に署名する。
れいがい	【例外】	〈名〉	0	例外	
はいし（する）	【廃止（する）】	〈名·动III〉	0	废止，废除	死刑を廃止する。
ジーエイト	【Ｇ８】	〈名〉	3	八国集团联盟	
こくれんじんけんりじかい	【国連人権理事会】	〈名〉	10	联合国人权理事会	
そんぞく（する）	【存続（する）】	〈名·动III〉	0	继续存在，长存	よい習慣は存続させたい。
かんこく（する）	【勧告（する）】	〈名·动III〉	0	劝告	人に辞職を勧告する。
おうほう	【応報】	〈名〉	0	报应	
よくし（する）	【抑止（する）】	〈名·动III〉	0	抑制，制止	病気の進行を抑止する。

つぐなう	【償う】	〈动Ⅰ〉	3	补偿，赎罪	罪を償う。
まずもって		〈副〉	1	首先，不管怎么说	まずもってお詫びを申し上げます。
かりに	【仮に】	〈副〉	0	假设，即使	仮にそうだとしても気にしないほうがいい。
しゅうしんけい	【終身刑】	〈名〉	3	无期徒刑；终身监禁	
どうとう	【同等】	〈名〉	0	同等	
ほしゃく（する）	【保釈（する）】	〈名・动III〉	0	保释	被告人が保釈される。
そぐ		〈动Ⅰ〉	1	削减，减少	意欲がそがれる。
けいじしせつ	【刑事施設】	〈名〉	4	拘留所，监狱	
あたる		〈动Ⅰ〉	0	担任，承担	ケアにあたる。
ぞういん（する）	【増員（する）】	〈名・动III〉	0	增加人员	定員を増員する。
じゅけいしゃ	【受刑者】	〈名〉	2	受刑人员	
ぞうせつ（する）	【増設（する）】	〈名・动III〉	0	增设	支店を増設する。
えんざい	【冤罪】	〈名〉	0	冤罪	

むじつ	【無実】	〈名〉	1	冤枉	
きそ（する）	【起訴（する）】	〈名·动III〉	1	起诉	横領で起訴される。
くだす	【下す】	〈动I〉	0	宣判	判決が下される。
けいし（する）	【軽視（する）】	〈名·动III〉	1	轻视	人の意見を軽視する。
み	【身】	〈名〉	0	身份	
こうぜん	【公然】	〈副〉	0	公然	公然と抵抗する。
はくじゃくな	【薄弱な】	〈な形〉	0	不足，不充分	理由が薄弱だ。
まして		〈副〉	1	何况	僕でさえ無理なのに、まして君ではとてもだめだ。
いかに		〈副〉	2	无论怎样	いかに急いでも間に合わないだろう。
すくなくとも	【少なくとも】	〈副〉	3	至少	少なくともこれだけは覚えてください。

P 244 - 245

ぎょう	【行】	〈名〉	1	行	
こうてい	【肯定】	〈名〉	0	肯定	

まんさい（する）	【満載（する）】	〈名・动III〉	0	充满，装满	この雑誌には写真が満載されている。
うらぎる	【裏切る】	〈动Ⅰ〉	3	背叛；辜负	信頼を裏切る。
たかなり	【高鳴り】	〈名〉	4	情绪激动	
じょうはつ（する）	【蒸発（する）】	〈名・动III〉	0	蒸发	水が蒸発する。
むねをはる	【胸を張る】		2	挺起胸，堂堂正正地	
せきをたつ	【席を立つ】		1-1	离开座位；离席	
みならい	【見習い】	〈名〉	0	见习	
おおめにみる	【大目に見る】		5	宽恕；不加追究	
ためこむ		〈动Ⅰ〉	3	攒下，存下	ストレスをためこむ。
そんざい	【存在】	〈名〉	0	存在，人物	

P 246 - 247

つづき	【続き】	〈名〉	0	连续不断
ぐあい	【具合】	〈名〉	0	程度

ろんじる	【論じる】	〈动Ⅱ〉	0	讨论	制度の是非を論じる。
そんぱい	【存廃】	〈名〉	0	存废	
やむをえない	【やむを得ない】	〈い形〉	4	被迫；不得已	やむを得ない手段をとる。
いかす	【生かす】	〈动Ⅰ〉	2	留活命	犯罪者を生かしておいて、罪の償いをさせる。
けいばつ	【刑罰】	〈名〉	1	刑罚	
じんどう	【人道】	〈名〉	1	人道	
やばんな	【野蛮な】	〈な形〉	0	野蛮，粗野	それは野蛮な行為だ。

P 248 - 249

そんち（する）	【存置（する）】	〈名·动Ⅲ〉	1	保存，保留	遺跡を存置する。
ふくえき（する）	【服役（する）】	〈名·动Ⅲ〉	0	服刑	刑務所に十年間服役した。
ばっそく	【罰則】	〈名〉	0	惩罚条例	
ふたりのり	【二人乗り】	〈名〉	0	骑车带人	
へいれつ（する）	【並列（する）】	〈名·动Ⅲ〉	0	并列，并排	部隊が並列してパレードする。
はりがみ	【張り紙】	〈名〉	0	贴纸，招贴	

てっきょ（する）	【撤去（する）】	〈名・动III〉	1	撤去，拆除	自転車を撤去する。
たかくつく	【高くつく】		1-1	代价高	結局高くついてしまった。
とうか	【灯火】	〈名〉	1	灯光	
もと	【元】	〈名〉	2	原因	
シートベルト		〈名〉	4	安全带	
さっし	【冊子】	〈名〉	0	册子，本子	
オリエンテーション		〈名〉	5	（新生）入学教育	
ゆるみ	【緩み】	〈名〉	3	松懈	
げこう（する）	【下校（する）】	〈名・动III〉	0	放学	早く下校しなさい。
めにはいる	【目に入る】		1-1	看见	
はずす	【外す】	〈动Ⅰ〉	0	去除	タイミングを外す。
どうろこうつうほう	【道路交通法】	〈名〉	0	道路交通法	
すます	【済ます】	〈动Ⅰ〉	2	办完，结束	このままでは済まされない。
りょうほう	【両方】	〈名〉	3	双方，两者	
ねんをおす	【念を押す】		0	叮嘱	

むだん	【無断】	〈名〉	0	擅自，私自	
にじゅう	【二重】	〈名〉	0	双重	
ロック		〈名〉	1	锁	
いたいめ	【痛い目】	〈名〉	2	苦头	
どうじょう（する）	【同乗（する）】	〈名·动III〉	0	同乘，同坐	トラックに同乗する。
こうぶざせき	【後部座席】	〈名〉	4	后方座位	
ひょうご	【標語】	〈名〉	0	标语	

P 250 - 251

ぎいん	【議院】	〈名〉	1	议院	
ぎちょう	【議長】	〈名〉	1	主席，议长	
いいんかい	【委員会】	〈名〉	2	委员会	
ほんかいぎ	【本会議】	〈名〉	3	正式会议，全体大会	
かける			2	提交	会議にかける。
しんぎ（する）	【審議（する）】	〈名·动III〉	1	审议	法案を審議する。

りょういん	【両院】	〈名〉	0	参众两院	
ぞくする	【属する】	〈动III〉	3	属于	野球部に属している。
～しん	【～審】			～审	
じょうこく（する）	【上告（する）】	〈名・动III〉	0	上诉，上告	上級裁判所に上告する。
かしかり（する）	【貸し借り（する）】	〈名・动III〉	2	借贷，借出和借入	お金を貸し借りする。
そうぞく（する）	【相続（する）】	〈名・动III〉	0	继承	遺産を相続する。
ほうち	【法治】	〈名〉	1	法治	
じれい	【事例】	〈名〉	0	事例	
ワンワン		〈名〉	1	汪汪，狗的叫声	
かかる		〈动Ⅰ〉	2	遭受	迷惑がかかる。
しょする	【処する】	〈动III〉	2	科处，处罚	一万円の罰金に処する。
ふまえる	【踏まえる】	〈动Ⅱ〉	3	根据	事実を踏まえる。

P 252 - 253

ちょっかん	【直感】	〈名〉	0	直觉	
とる		〈动Ⅰ〉	1	采取	行動をとる。
おおよそ		〈副〉	0	大致，大约	おおよそ理解できた。
なかみ	【中身】	〈名〉	2	内在	
～づらい				难…	
しゅんじ	【瞬時】	〈名〉	1	瞬间	
かみがた	【髪型】	〈名〉	0	发型	
おのずと		〈副〉	0	自然而然地	足がおのずと速くなる。
ます	【増す】	〈动Ⅰ〉	0	增加	速度が増す。
かたい	【堅い】	〈い形〉	0	牢靠，稳固	堅い商売をしている。
けんじつな	【堅実な】	〈な形〉	0	稳重；踏实	堅実に貯金する。
ひかえめな	【控えめな】	〈な形〉	0	谨慎，保守	控えめな態度をとる。
くつがえす	【覆す】	〈动Ⅰ〉	3	彻底改变，推翻	印象を覆す。

たんなる	【単なる】	连体	1	仅仅，只不过	単なるうわさだ。
りょうこうな	【良好な】	〈な形〉	0	良好的	良好な成績をおさめる。
ゆうこうな	【有効な】	〈な形〉	0	有效	有効に使う。
きをかける	【気をかける】		4	注意，留意	
まゆげ	【まゆ毛】	〈名〉	1	眉毛	
ととのえる	【整える】	〈动II〉	4	整理，梳理	髪型を整える。
スキンケア		〈名〉	4	护肤	
とこや	【床屋】	〈名〉	0	理发店	
さんぱつ（する）	【散髪（する）】	〈名·动III〉	0	理发	散髪に行く。
～すがた	【～姿】			…打扮	
クールビズ		〈名〉	4	清凉商务	
ノーネクタイ		〈名〉	3	不系领带	
センス		〈名〉	1	感觉；美感	
きをとられる	【気を取られる】		5	被吸引注意	
きょうくん	【教訓】	〈名〉	0	教训	

P 254 - 255

おとこで	【男手】	〈名〉	0	男劳动力	
ひとつ	【一つ】	〈名〉	2	一个，一个	
じったい	【実態】	〈名〉	0	实际情况	
よ	【世】	〈名〉	1	世上，世间	
コスト		〈名〉	1	成本	
ひろう（する）	【披露（する）】	〈名·动III〉	1	宣布，公布	結果を披露する。
しょうえん	【小宴】	〈名〉	0	便宴，小酌	
もよおす	【催す】	〈动Ⅰ〉	3	举行，举办	歓迎会を催す。
ていけいぶん	【定型文】	〈名〉	3	具有一定格式的文体	
れいじょう	【礼状】	〈名〉	0	感谢信，谢函	
とくいさき	【得意先】	〈名〉	0	老客户	

P 256 - 257

へんしょく（する）	【偏食（する）】	〈名·动III〉	0	偏食	偏食する子は体が弱い。

みかけ	【見かけ】	〈名〉	0	外观，外貌	
きをくばる	【気を配る】		4	注意，留神	
ひふく	【被服】	〈名〉	1	服装	
はきもの	【履物】	〈名〉	0	鞋类	
めもり	【目盛】	〈名〉	0	刻度	
くつした	【靴下】	〈名〉	2	袜子	
ワイシャツ		〈名〉	0	衬衫	
せびろ	【背広】	〈名〉	0	西服	
かけい	【家計】	〈名〉	0	家庭收支情况	

P 258 - 259

～きょう	【～強】			超过…	
よそゆき	【よそ行き】	〈名〉	0	客客气气，一本正经	
ウチ		〈名〉	0	我方，内部	
もてなす		〈动Ⅰ〉	3	对待，接待	お客さんをもてなす。

ソト		〈名〉	1	对方，外部	
ホームステイ		〈名〉	5	家庭寄宿	
りょうかい（する）	【了解（する）】	〈名·动III〉	0	了解，明白	その件については了解いたしました。
～ぐらい				一点点，些许，微不足道	
せきをはずす	【席をはずす】		1	离开座位，不在	
いちいち		〈副〉	2	逐一，逐个	いちいち理由をあげる。
きがひける	【気が引ける】		4	难为情，不好意思	
よそよそしい		〈い形〉	5	疏远，见外	よそよそしい態度をとる。
よそもの	【よそ者】	〈名〉	0	外人	
わく		〈动Ⅰ〉	0	产生	イメージがわく。
したしきなかにもれいぎあり	【親しき仲にも礼儀あり】			亲密的关系也要讲礼貌	
きにする	【気にする】		0	介意	
はなしこむ	【話し込む】		4	谈得起劲	友だちとすっかり話し込んだ。

P 260 - 261

そんちょう（する）	【尊重（する）】	〈名・动III〉	0	尊重	他人の意見を尊重する。
ぶじ（な）	【無事（な）】	〈名・な形〉	0	顺利；平安	無事に旅行から帰る。
あいだがら	【間柄】	〈名〉	0	关系，交情	
ムード		〈名〉	1	气氛；情绪	
タイトル		〈名〉	1	题目，标题	

P 262 - 263

しんじょう	【信条】	〈名〉	0	信念	
たいりつ（する）	【対立（する）】	〈名・动III〉	0	对立	意見が対立する。
ちからずく	【力ずく】	〈名〉	0	极力，拼命	
ぎかい	【議会】	〈名〉	1	议会	
ちょうせい（する）	【調整（する）】	〈名・动III〉	0	协调；调整	意見を調整する。
まん～さい	【満～歳】			满…岁	
ゆうする	【有する】	〈动III〉	3	（享）有，具有	権利を有する。
せんきょけん	【選挙権】	〈名〉	3	选举权	
しゅうぎいん	【衆議院】	〈名〉	3	众议院	
さんぎいん	【参議院】	〈名〉	3	参议院	
いっぴょう	【一票】	〈名〉	1	一票	
とうじる	【投じる】	〈动II〉	0	投	一票を投じる。
どうき	【動機】	〈名〉	0	动机	

ゆちゃく	【癒着】	〈名〉	0	勾结	
めのまえにする	【目の前にする】		3	亲眼所见	
けんお	【嫌悪】	〈名〉	1	厌恶，讨厌	
しつぼう（する）	【失望（する）】	〈名·动III〉	0	失望	わたしは君に失望した。
むとうはそう	【無党派層】	〈名〉	4	无党派人士	
せいとう	【政党】	〈名〉	0	政党	
ゆうけんしゃ	【有権者】	〈名〉	3	选民，有选举权者	
とうしゅ	【党首】	〈名〉	1	政党的领袖，党首	
こくぜい	【国税】	〈名〉	0	国税	
だんし	【男子】	〈名〉	1	男性	
のうぜい（する）	【納税（する）】	〈名·动III〉	0	纳税	期日に納税する。
きょうよう	【教養】	〈名〉	0	教养，修养	
ふつうせんきょ	【普通選挙】		4	普选	
かくとく（する）	【獲得（する）】	〈名·动III〉	0	获得	政権を獲得する。
ちんもく（する）	【沈黙（する）】	〈名·动III〉	0	沉默	2人はしばらく沈黙した。

えんちょう（する）	【延長（する）】	〈名·动III〉	0	延长	時間を延長する。
きじつ	【期日】	〈名〉	1	日期，期限	
ゆうしきしゃ	【有識者】	〈名〉	4	有识之士	
みんい	【民意】	〈名〉	1	民意	
おく	【置く】	〈动I〉	0	放，留	彼の指揮に信頼を置く。
さんせい	【参政】	〈名〉	0	参政	

P 264 - 265

しょく	【職】	〈名〉	0	工作	
たいきょ（する）	【退去（する）】	〈名·动III〉	1	离开	ここから退去する。
かせつ（する）	【仮設（する）】	〈名·动III〉	0	临时安设	テントを仮設する。
かいちく（する）	【改築（する）】	〈名·动III〉	0	重建，改修	家を改築する。

P 266 - 267

なにかと	【何かと】	〈副〉	0	这个那个地，各方面	このごろは何かと忙しい。

P 268 - 269

きけん（する）	【棄権（する）】	〈名・动III〉	0	弃权	競技への参加を棄権する。
かいをおう	【回を追う】		1	一次比一次	
かいせつ（する）	【解説（する）】	〈名・动III〉	0	解说	ニュースを解説する。
はしら	【柱】	〈名〉	3	（政策的）核心 支柱	
まわす	【回す】	〈动Ⅰ〉	0	转到，转为	残ったお金を貯金に回す。
じょせい（する）	【助成（する）】	〈名・动III〉	0	扶助	研究を助成する。
やとう	【野党】	〈名〉	1	在野党	
へんせい（する）	【編成（する）】	〈名・动III〉	0	编成，组成	予算を編成する。
かくぎ	【閣議】	〈名〉	1	内阁会议	
れんりつ（する）	【連立（する）】	〈名・动III〉	0	联合	二人の候補者が連立する。
よとう	【与党】	〈名〉	1	执政党	
ほんかくか（する）	【本格化（する）】	〈名・动III〉	0	正式启动	選挙が本格化した。

マニフェスト		〈名〉	3	宣言，声明	
かかげる	【掲げる】	〈动Ⅱ〉	0	提出，指出	問題を掲げる。
あてる	【充てる】	〈动Ⅱ〉	0	充当	このお金は生活費に充てる。
げんしゅう	【減収】	〈名〉	0	收入减少	
けいひ	【経費】	〈名〉	1	经费，开销	
ほいくじょ	【保育所】	〈名〉	0	托儿所	
うかがう		〈动Ⅰ〉	0	看出，窥见	様子をうかがう。
りんじ	【臨時】	〈名〉	0	临时，暂时	

P 270 - 271

さをつける	【差をつける】		4	拉开差距	
そうせんきょ	【総選挙】	〈名〉	3	大选	
かかる		〈动Ⅰ〉	2	取决于	すべては明日の天気にかかる。
げきか（する）	【激化（する）】	〈名·动Ⅲ〉	1	激化，加剧	インフレが激化する。
げんきゅう（する）	【言及（する）】	〈名·动Ⅲ〉	0	提及，说到	社会問題に言及する。

ルート		〈名〉	1	途径，渠道	
そうてん	【争点】	〈名〉	1	争论点	
えんぜつ（する）	【演説（する）】	〈名·动III〉	0	演说	街頭で演説する。

P 272 - 273

いきがい	【生きがい】	〈名〉	0	活着的意义	
あおいとり	【青い鳥】	〈名〉	2	青鸟	
はりあい		〈名〉	0	有劲头，起劲	
みいだす	【見出す】	〈动Ⅰ〉	3	找到，发现	人材を見出す。
しょぎょう	【所業】	〈名〉	0	行为	
あんがい	【案外】	〈副〉	1	意想不到，出乎意外	工事は案外早く出来上がった。
～だいいち	【～第一】			…第一	
いっさい	【一切】	〈副〉	1	一概，全部	肉は一切食わない。
りっする	【律する】	〈动Ⅲ〉	3	制约，约束	規則をもって人を律する。
ほこらしい	【誇らしい】	〈い形〉	4	自豪，骄傲	誇らしげに語る。
ほほえむ	【微笑む】	〈动Ⅰ〉	3	微笑	にっこりと微笑む。
きまって～する	【決まって～する】			必定；经常	週末には決まってピクニックに行く。

えんせい（する）	【遠征（する）】	〈名・动III〉	0	远征，去远处	南極へ遠征する。
さぞかし		〈副〉	1	想必	さぞかし暑かっただろう。
あこがれる	【憧れる】	〈动II〉	0	憧憬，向往	田舎生活に憧れている。
コメディアン		〈名〉	2	喜剧演员	
デビュー（する）		〈名・动III〉	1	出道，初次登台	芸能界にデビューした。
きをはる	【気を張る】		0	全神贯注	
ゆかい（な）	【愉快（な）】	〈名・な形〉	1	愉快的	彼は愉快な人だ。
あたまにない	【頭にない】		3-1	不去想，不考虑	
よか	【余暇】	〈名〉	1	业余时间	
つけくわえる	【付け加える】	〈动II〉	5	增加，添加	彼を代表者に付け加える。
しゅうがく	【修学】	〈名〉	0	修学，学习	
なにかしら	【何かしら】	代	0	某种	何かしら言いたいことがあるだろう。

P 274 - 275

だれかしら	【誰かしら】	代	0	某个人，谁	必ず誰かしらが見ている。

べんたつ	【鞭撻】	〈名〉	0	指教，鞭策	
ふび	【不備】	〈名〉	1	不完善	

P 276 - 277

しょうり（する）	【勝利（する）】	〈名·动III〉	1	胜利	戦いに勝利する。
ジャーナリズム		〈名〉	4	新闻写作，新闻编辑	
おもき	【重き】	〈名〉	3	重点	この学校では外国語に重きをおいている。
そうすう	【総数】	〈名〉	3	总数	

P 278 - 279

かいごう（する）	【会合（する）】	〈名·动III〉	0	聚会，集会	同級生の会合を催す。
ざつだん（する）	【雑談（する）】	〈名·动III〉	0	闲谈，闲聊	会議のあと雑談する。
ねっちゅう（する）	【熱中（する）】	〈名·动III〉	0	热衷	彼は勉強に熱中している。
ゆったり		〈副〉	3	舒适，舒畅	ゆったりとコーヒーを飲む。
きゅうよう（する）	【休養（する）】	〈名·动III〉	0	休养	田舎で休養する。

うちこむ		〈动Ⅰ〉	0	热中，专心致志	仕事にうちこむ。
きょうよう	【教養】	〈名〉	0	教育，修养	
みをいれる	【身を入れる】		0	投身到，努力做	
アップ（する）		〈名・动Ⅲ〉	1	上升，提高	賃金がアップした。
ちゃくもく（する）	【着目（する）】	〈名・动Ⅲ〉	0	着眼	将来性に着目する。
しんぼく	【親睦】	〈名〉	0	和睦	
ふかめる	【深める】	〈动Ⅱ〉	3	加深，加强	親睦を深める。
しゃこう	【社交】	〈名〉	0	社交	
かつよう（する）	【活用（する）】	〈名・动Ⅲ〉	0	有效利用	知識を活用する。
たいとう（な）	【対等（な）】	〈名・な形〉	0	对等，同等	対等に戦う。
ウーマン		〈名〉	1	女性	
ジェンダー		〈名〉	1	性别	
じゅこう（する）	【受講（する）】	〈名・动Ⅲ〉	0	听课，选修	講義を受講する。
きにゅう（する）	【記入（する）】	〈名・动Ⅲ〉	0	填写	名前を記入する。

P 280 - 281

せつじ	【接辞】	〈名〉	0	词缀	
げきじょう	【劇場】	〈名〉	0	剧场，剧院	
あしをはこぶ	【足を運ぶ】		2	前往，奔走	
かんりゅう	【韓流】	〈名〉	0	韩流热潮	
だいく	【大工】	〈名〉	1	木匠	
ねがお	【寝顔】	〈名〉	0	睡脸；睡相	
にやける		〈动Ⅱ〉	3	默默地笑	彼のことを考え、にやけてしまう。
セカンドライフ		〈名〉	5	第二次生命	
かたわら	【傍ら】	〈名〉	0	一边…一边…	
ろうじんホーム	【老人ホーム】	〈名〉	5	养老院	
きゃくいん	【客員】	〈名〉	0	特邀，客座	
しょかい	【初回】	〈名〉	0	第一次	

P 282 - 283

クローン		〈名〉	2	克隆	
ひかりとかげ	【光と影】	〈名〉	3-1	利与弊	
いでんし	【遺伝子】	〈名〉	2	遗传基因	
ぐうぜん	【偶然】	〈名〉	0	偶然	
バイオテクノロジー		〈名〉	6	生物工程学	
いわば		〈副〉	2	可以说；譬如	クローンとは、いわば生物の「コピー」のことだ。
じゅせいらん	【受精卵】	〈名〉	2	受精卵	
さいぼう	【細胞】	〈名〉	0	细胞	
ぶんれつ	【分裂】	〈名〉	0	分裂	
はい	【胚】	〈名〉	1	胚胎	
せいたい	【成体】	〈名〉	0	成熟个体	
こたい	【個体】	〈名〉	0	个体	
りょうせい	【両性】	〈名〉	0	两性	

とる	【採る】	〈动Ⅰ〉	1	抽取	血を採る。
ひつじ	【羊】	〈名〉	0	绵羊	
にくしつ	【肉質】	〈名〉	0	肉质	
にゅうりょう	【乳量】	〈名〉	1	奶量	
いでんしくみかえ	【遺伝子組み換え】	〈名〉	5	转基因	
ぞうき	【臓器】	〈名〉	1	内脏器官	
ドナー		〈名〉	1	捐献者	
げんり	【原理】	〈名〉	1	原理	
ぜんめつ（する）	【全滅（する）】	〈名・动Ⅲ〉	0	灭绝；全歼	味方が全滅した。
クリア（する）		〈名・动Ⅲ〉	2	清除，解决	問題をクリアする。
おぞましい		〈い形〉	4	令人讨厌	聞くだけでもおぞましい話だ。
きかん	【器官】	〈名〉	1	器官	
いとてきな	【意図的な】	〈な形〉	0	有目的性的	意図的な嫌がらせだ。
たいじ	【胎児】	〈名〉	1	胎儿	
そろう		〈动Ⅰ〉	2	到齐，备全	両性がそろう。

P 284 - 285

びどう	【微動】	〈名〉	0	微动	
うつむく		〈动Ⅰ〉	3	垂头，低头	恥ずかしくてうつむく。
シーン		〈名〉	1	场面，场景	
ぼうげん	【暴言】	〈名〉	0	粗暴的话，骂人的话	
はく	【吐く】	〈动Ⅰ〉	1	说出，吐露	暴言を吐く。
こころする	【心する】	〈动Ⅲ〉	2	留心，留神	心すべきことだ。

P 286 - 287

きしゃ	【貴社】	〈名〉	1	贵公司；贵社	
ばんぜん	【万全】	〈名〉	0	万全	
はらう	【払う】	〈动Ⅰ〉	2	加以	注意を払う。
しんせい	【新生】	〈名〉	0	新生，新事物	
かわいがる		〈动Ⅰ〉	4	疼爱，喜爱	子どもをかわいがる。

かいめい（する）	【解明（する）】	〈名·动III〉	0	解释清楚	病気の原因を解明する。
じゅんすい（な）	【純粋（な）】	〈名·な形〉	0	纯粹，纯净	純粋な気持ちで忠告する。
かっきてきな	【画期的な】	〈な形〉	0	划时代的	それは画期的な発明だ。

P 288 - 289

ヒト		〈名〉	0	人类	
あんらくし	【安楽死】	〈名〉	4	安乐死	
やわらげる	【和らげる】	〈动II〉	4	缓和	緊張を和らげる。
いし	【意思】	〈名〉	1	意愿	
どうぎ	【道義】	〈名〉	1	道义，道德	
とうよ（する）	【投与（する）】	〈名·动III〉	1	给药	栄養剤を投与する。
えんめい	【延命】	〈名〉	0	延长寿命	
ナチュラルな		〈な形〉	1	自然的	ナチュラルな生活をする。
ぎだい	【議題】	〈名〉	0	议题，讨论题目	
ぶつぎをかもす	【物議を醸す】		1-2	引起议论	

しき	【死期】	〈名〉	1	死期	
せっぱく（する）	【切迫（する）】	〈名・动III〉	0	逼近，迫近	期限が切迫する。
くつう	【苦痛】	〈名〉	0	痛苦	
じょきょ（する）	【除去（する）】	〈名・动III〉	1	除去，去掉	障害を除去する。
かんわ（する）	【緩和（する）】	〈名・动III〉	0	缓和	緊張を緩和する。
だとうな	【妥当な】	〈な形〉	0	妥当，妥善	妥当な意見を述べる。
てをかす	【手を貸す】		1	帮助别人	
はやめる	【早める】	〈动II〉	3	加速，提前	開会の時刻を早める。
ふかまる	【深まる】	〈动I〉	3	加深，变深	知識が深まる。
ぜんれい	【前例】	〈名〉	0	前例，先例	
せいちょう	【清聴】	〈名〉	0	垂闻，垂听	

P 290 - 291

はだみはなさず	【肌身離さず】	〈副〉	1-3	不离身	肌身離さず大切に持つ。
しったい	【失態】	〈名〉	0	丢脸，出洋相	

かんてい（する）	【鑑定（する）】	〈名·动III〉	0	鉴别，鉴定	真偽を鑑定する。
のうし	【脳死】	〈名〉	1	脑组织坏死	
レシピエント		〈名〉	4	接受（移植）者	

P 292 - 293

なりたつ	【成り立つ】	〈动Ⅰ〉	3	成立，形成	大学は教職員と学生で成り立つ。
ひょうりいったい	【表裏一体】	〈名〉	1	不可分割	
けつえき	【血液】	〈名〉	2	血液	
じゅんかん（する）	【循環（する）】	〈名·动Ⅲ〉	0	循环	血液が循環する。
ひえこむ	【冷え込む】	〈动Ⅰ〉	3	骤冷	今朝はひどく冷え込む。
せかいきょうこう	【世界恐慌】	〈名〉	4	大萧条	
インフレ		〈名〉	0	通货膨胀	
かへい	【貨幣】	〈名〉	1	货币	
かみくず	【紙くず】	〈名〉	3	废纸	
～どうぜん	【～同然】			和…一样	
しゅうしゅく（する）	【収縮（する）】	〈名·动Ⅲ〉	0	缩小，紧缩	事業の規模を収縮する。
かして	【貸手】	〈名〉	0	债主	
とうし（する）	【投資（する）】	〈名·动Ⅲ〉	0	投资	土地に投資する。

へんどう（する）	【変動（する）】	〈名・动III〉	0	变动，波动	相場が変動する。
がっぺい（する）	【合併（する）】	〈名・动III〉	0	合并	両者は合併した。
ひとあし	【一足】	〈名〉	2	一步	
きょだいな	【巨大な】	〈な形〉	0	巨大的	巨大な体を持っている。
きょうごう（する）	【競合（する）】	〈名・动III〉	0	竞争	電車とバスが競合する。
きんゆうこうがく	【金融工学】	〈名〉	4	金融工程学	
くし（する）	【駆使（する）】	〈名・动III〉	1	运用	最新技術を駆使する。
さきもの	【先物】	〈名〉	0	期货	
ヘッジ・ファンド		〈名〉	4	对冲基金	
おう	【負う】	〈动Ⅰ〉	0	承担	リスクを負う。
ぜいじゃくな	【脆弱な】	〈な形〉	0	脆弱	基礎が脆弱だ。
パニック		〈名〉	1	恐慌	
たちまち		〈副〉	0	转瞬间，马上	切符はたちまち売り切れた。
とりもどす	【取り戻す】	〈动Ⅰ〉	4	取回，收回	貸した本を取り戻す。
てもと	【手元】	〈名〉	3	身边，手头	

くものこをちらす	【蜘蛛の子を散らす】		1	人群四散	
にげだす	【逃げ出す】	〈动Ⅰ〉	3	逃走，溜掉	一目散に逃げ出す。
がんぽんわれ	【元本割れ】	〈名〉	1	亏本	
うりぬく	【売り抜く】	〈动Ⅰ〉	3	全部卖掉，脱手	商品を売り抜く。
かいて	【買い手】	〈名〉	0	买家	
そうぞう（する）	【創造（する）】	〈名·动III〉	0	创造	信用を創造する。
サブプライムローン		〈名〉	7	次级贷款	
たんをはっする	【端を発する】		1	发端	
きおくにあたらしい	【記憶に新しい】		8	记忆犹新	
しさんか	【資産家】	〈名〉	0	有产者	

P 294 - 295

てんぽ	【店舗】	〈名〉	1	店铺，商店	
たいにん（する）	【退任（する）】	〈名·动III〉	0	卸任，退职	このたび退任することになった。

じゃくしょう	【弱小】	〈名〉	0	弱小	弱小な国を侵略する。
まちづくり	【街づくり】	〈名〉	3	城市建设	
おんし	【恩師】	〈名〉	1	恩师	
てっていてきな	【徹底的な】	〈な形〉	0	彻底	徹底的に消毒を行う。
こだわる		〈动Ⅰ〉	3	讲究	素材にこだわる。
しゅどう	【手動】	〈名〉	0	手动	
じょうび（する）	【常備（する）】	〈名·动Ⅲ〉	1	常备	災害援助費を常備する。
さいてき（な）	【最適（な）】	〈名·な形〉	0	最适合	遠足に最適な季節だ。

P 296 - 297

りょうこく	【両国】	〈名〉	1	两国
りそく	【利息】	〈名〉	0	利息
りし	【利子】	〈名〉	1	利息
げんざいだか	【現在高】	〈名〉	3	目前的金额
かいきゅう	【階級】	〈名〉	0	级别

せいめいほけん	【生命保険】	〈名〉	5	人身保险	
ゆうかしょうけん	【有価証券】	〈名〉	4	有价证券	
とうざよきん	【当座預金】	〈名〉	4	活期存款	
ていきよきん	【定期預金】	〈名〉	4	定期存款	
こくさい	【国債】	〈名〉	0	国债	
ちほうさい	【地方債】	〈名〉	2	地方债	
さいけん	【債券】	〈名〉	1	债券	
こうしゃさい	【公社債】	〈名〉	3	公债和企业债券	
しんたく	【信託】	〈名〉	0	信托	
ならびに		〈接〉	0	和，以及	氏名ならびに電話番号を記入してください。
しんたくぎんこう	【信託銀行】	〈名〉	5	信托银行	
きょうさいくみあい	【共済組合】	〈名〉	5	互助会	

P 298 - 299

ほゆう（する）	【保有（する）】	〈名·动III〉	0	保有，持有	株式を保有する。

えんだか	【円高】	〈名〉	0	日元升值	
ねんベース	【年ベース】	〈名〉	3	以年为单位	
ちょう	【兆】	〈名〉	1	万亿	
ちゅうとうおう	【中東欧】	〈名〉	0	中东欧	
ろ	【露】	〈名〉	1	俄罗斯	
ドル		〈名〉	1	美元	
だて	【建て】	〈名〉	0	计价	
ぎょうしゃ	【業者】	〈名〉	1	经营者，商家	
やすうり（する）	【安売り（する）】	〈名·动III〉	0	廉卖，大甩卖	店を閉めるために安売りする。
ねうごき	【値動き】	〈名〉	2	价格变动	

P 300 - 301

つうたつ（する）	【通達（する）】	〈名·动III〉	0	通知，传达	大臣の考えを政府職員に通達する。
いとなむ	【営む】	〈动 I〉	3	从事，经营	農業を営む。
おおもの	【大物】	〈名〉	0	大人物，有实力的人	

かける		〈动II〉	2	课（税），征（税） 税をかける。
ふそく	【不測】	〈名〉	0	难以预料
てんねんガス	【天然ガス】	〈名〉	5	天然气
てっこうせき	【鉄鉱石】	〈名〉	3	铁矿石

P 302 - 303

たぶんかきょうせい	【多文化共生】	〈名〉	5	多文化共存	
あてる		〈动II〉	0	对上	焦点をあてる。
きょじゅう（する）	【居住（する）】	〈名·动III〉	0	居住	郊外に居住している。
しみんだんたい	【市民団体】	〈名〉	4	市民团体	
ひょうめんてきな	【表面的な】	〈な形〉	0	表面上的	表面的には平静を装っていた。
みんぞく	【民族】	〈名〉	1	民族	
ふとうな	【不当な】	〈な形〉	0	不正当，非法	不当な利益を得る。
こうむる	【被る】	〈动I〉	3	蒙受，遭受	大きな被害を被る。
アイデンティティ		〈名〉	3	个性	
せんぜん	【戦前】	〈名〉	0	战前，二战前	
ざいにち	【在日】	〈名〉	0	住在日本；驻日	
コリアン		〈名〉	1	韩国人，朝鲜人	
しそん	【子孫】	〈名〉	1	子孙	

なんべい	【南米】	〈名〉	0	南美	
たこくせき	【多国籍】	〈名〉	2	多国籍	
～ぞう	【～増】			增加了…	
よぶ	【呼ぶ】	〈动Ⅰ〉	0	招致，引起	議論を呼ぶ。
ふじょう（する）	【浮上（する）】	〈名·动Ⅲ〉	0	浮出水面，出头露面	問題が浮上した。
しゅうぞく	【習俗】	〈名〉	1	习俗	
ていしょう（する）	【提唱（する）】	〈名·动Ⅲ〉	0	提倡，倡导	正しい言葉遣いを提唱する。
はたらきかけ	【働きかけ】	〈名〉	0	推动，影响	
じんしゅ	【人種】	〈名〉	0	人种	
たんいつ	【単一】	〈名〉	0	单一	
レベル		〈名〉	1	层面	

P 304 - 305

しょく	【食】	〈名〉	0	饮食，食品

ようやく（する）	【要約（する）】	〈名·动III〉	0	概括，归纳	話を要約する。
とうろん（する）	【討論（する）】	〈名·动III〉	1	讨论	公害問題について討論する。
ややこしい		〈い形〉	4	复杂，麻烦	話がややこしくなってきた。

P 306 - 307

なにごと	【何事】	〈名〉	0	怎么回事	これはいったい何事だ。
ほじ（する）	【保持（する）】	〈名·动III〉	1	保持	世界記録を保持する。
そがい（する）	【疎外（する）】	〈名·动III〉	0	疏远，不理睬	仲間から疎外される。
にゅうこくしゃ	【入国者】	〈名〉	3	进入国家的人	

P 308 - 309

ほげい	【捕鯨】	〈名〉	0	捕鲸
りょうし	【漁師】	〈名〉	1	渔夫
ぎょかくりょう	【漁獲量】	〈名〉	4	捕鱼量
ないようぶつ	【内容物】	〈名〉	3	里面的东西

サンマ		〈名〉	0	秋刀鱼	
サバ		〈名〉	0	青花鱼，鲐鱼	
イワシ		〈名〉	0	沙丁鱼	
こうぎ（する）	【抗議（する）】	〈名·动III〉	1	抗议	判定に抗議する。
けいかんたい	【警官隊】	〈名〉	0	警队	
しょうとつ（する）	【衝突（する）】	〈名·动III〉	0	冲突	意見が衝突する。
コメント		〈名〉	0	评语，解说	
いちれん	【一連】	〈名〉	0	一连串，一系列	
そうどう	【騒動】	〈名〉	1	骚动，纠纷	
デリケートな		〈な形〉	3	敏感，微妙	これはデリケートな問題だ。
ぎょみん	【漁民】	〈名〉	0	渔民	
かずおおく	【数多く】	〈副〉	3	数量很多	数多く残る。
みみをかたむける	【耳を傾ける】		2-4	倾听	
たた	【多々】	〈副〉	1	很多	言いたいことは多々ある。
しゅ	【種】	〈名〉	1	物种	

あゆみよる	【歩み寄る】	〈动Ⅰ〉	4	互相让步；妥协	お互いに歩み寄る。
たいりつじく	【対立軸】	〈名〉	4	对立轴	
ひとくち	【一口】	〈名〉	2	一句话，一概而论	
なつば	【夏場】	〈名〉	0	夏天，夏季	
かたより	【偏り】	〈名〉	0	偏，偏重	

P 310 - 311

がいこう	【外交】	〈名〉	0	外交	
くじょ（する）	【駆除（する）】	〈名·动Ⅲ〉	1	驱除，消灭	害虫を駆除する。
けんじゅう	【拳銃】	〈名〉	0	手枪	
がいしょう	【外相】	〈名〉	0	外交大臣，外交部长	
たかね	【高値】	〈名〉	2	高价，昂贵	
てっぽう	【鉄砲】	〈名〉	0	步枪，枪	
キリストきょう	【キリスト教】	〈名〉	0	基督教	
だっきゃく（する）	【脱却（する）】	〈名·动Ⅲ〉	0	摆脱	赤字から脱却する。

学ぼう！にほんご　単語帳

日语完全教程

单词手册　第五册

主编：疏蒲剑

编委：花文龘、叶继峰、大岛裕之、阮泠熠、李鸿秋、杨玲

排版：何婉玎

封面设计：沙懿陶、陈佳音